DAS MEGADICKE BUCH DES WISSENS

DAS MEGADICKE BUCH DES WISSENS

von Nikolaus Lenz

Loewe

Bibliografische Information
Der Deutschen Bibliothek
Die Deutsche Bibliothek verzeichnet
diese Publikation in der Deutschen Nationalbibliografie;
detaillierte bibliografische Daten sind im Internet
über http://dnb.ddb.de abrufbar.

Der Umwelt zuliebe ist dieses Buch
auf chlorfrei gebleichtem Papier gedruckt.

ISBN 3-7855-5390-0 – 1. Auflage 2005

Umschlagillustration: Anna Zimmermann
Umschlaggestaltung: Andreas Henze
Gesamtherstellung: GGP Media GmbH, Pößneck
Printed in Germany

www.loewe-verlag.de

Inhalt

Das Universum

Seit wann betreiben Menschen Sternkunde?

Seit Beginn der menschlichen Zivilisation haben sich Fachleute mit dem Lauf von Sonne, Mond und Sternen beschäftigt. Diese Astronomen waren in allen bekannten Kulturen hoch angesehen. Inkas und Azteken in Amerika, Assyrer in Asien, Ägypter in Afrika, Kelten in Europa – sie und andere Völker errichteten schon vor tausenden von Jahren gewaltige Bauten, die als Sternenkalender dienten; mit deren Hilfe konnte man die Bewegungen von Sonne, Mond und Planeten verfolgen und voraussagen. Der berühmte geheimnisvolle Steinkreis von Stonehenge in England ermöglichte bereits vor 4000 Jahren erstaunlich genaue astronomische Berechnungen.

Wie entstand das Universum?

Die Mehrzahl der Wissenschaftler ist heute der Ansicht, das Universum sei in einer Art großem Knall, dem so genannten „Big Bang“, entstanden. Man darf das allerdings nicht zu wörtlich nehmen: Der „Urknall“ ist eigentlich nichts weiter als ein Bild für die völlig unvorstellbare Geburt unseres Universums. Das meiste, was wir über das

Verhalten der Sterne, ihre Wanderung durch das Universum und über die ständige Ausdehnung des Weltalls wissen, deutet darauf hin, dass zu irgendeinem Zeitpunkt die gesamte Materie und Energie des Universums – also Sonne, Mond und sämtliche Sterne – in einem einzigen Punkt zusammengeballt waren. Dieser Punkt war unendlich schwer und heiß, und als das konzentrierte Universum schließlich explodierte, schleuderte es all das aus sich heraus, was wir heute als Weltall kennen. Eine Sekunde nach dem Urknall betrug die Temperatur des Universums zehn Milliarden Grad Celsius. Und in einem Stecknadelkopf der damaligen Materie steckte so viel Energie, wie unsere Sonne in den vergangenen fünf Milliarden Jahren erzeugt hat!

Wann war der Urknall?

Die Astrophysiker (Sternphysiker) sind sich ganz und gar nicht einig, wann der Urknall war. Klar ist jedenfalls, dass das Weltall älter ist als unsere Erde; und die Erde bringt es auf immerhin 4,5 Milliarden Jahre. Das Universum muss auch viel älter sein als die Milchstraße oder Galaxis (6,5 Milliarden Jahre), in der unsere Sonne liegt. Und weiter? – Nun, hier klaffen die Berechnungen auseinander. Etwa vor zehn bis zwanzig Milliarden Jahren muss sich die Geburt des Universums abgespielt haben.

Analysiert man das Licht der Sterne, kann man erkennen, dass das Weltall immer noch explodiert. Seine Teile fliegen weiter auseinander, manche sogar mit einer Geschwindigkeit von fast 300 000 Kilometern pro Sekunde. Wenn man nun zum Ursprung zurückrechnet, kommt man auf etwa fünfzehn Milliarden Jahre. Das Geheimnisvolle daran ist jedoch, dass nicht alle Teile des Universums gleich schnell auseinander streben. Dies macht sämtliche Vermutungen noch ungewisser.

Und was war vor dem Urknall?

Auf die Frage, was vor dem Urknall war, gibt es keine Antwort, die uns klüger machen würde. Das, was wir „Big Bang“ nennen, haben Physiker und Mathematiker ja bloß ausgerechnet; es ist eine geistige Konstruktion. Man sagt: Um die Entstehung des Universums erklären zu können, müssen wir einfach einen Punkt null annehmen. An diesem Punkt null müssten diese und jene Bedingungen geherrscht haben, damit wir verstehen können, was später dann passiert ist. Der Urknall, sagen wir, ist dann der absolute Anfang. Mit ihm ist nicht nur das Universum entstanden. Er brachte auch die physikalischen und mathematischen Gesetze hervor, die in der Welt herrschen. Erst mit dem Urknall hat auch die Zeit begonnen. Wenn es „vorher“ keine Zeit und keinen Raum gegeben hat, dann kann man aber auch nicht fragen, was „vorher“ war. (Das heißt, fragen kann man schon. Aber Antwort bekommt man keine ...)

Wird es wieder einmal einen Urknall geben?

Manche Forscher meinen, das Universum werde immer langsamer auseinander streben, eine Zeit lang zur Ruhe kommen und dann wieder in sich zusammenfallen – um in einem neuen Urknall zu explodieren. Falls das stimmt, so sollte es uns dennoch nicht Bange machen. Der nächste Urknall würde, falls überhaupt, in 65 Milliarden Jahren stattfinden.

Andere Astrophysiker behaupten, dass das Universum ständig neu aus sich selbst heraus entsteht. Demnach fliegt das Universum zwar auseinander, in seinem Zentrum jedoch entstehen immer neue Galaxien.

Was ist eine Galaxis?

Galaxien sind Sternensysteme, die aus ungeheuer vielen Sternen (manchmal hundert Milliarden) bestehen. Sie entstanden eine Milliarde Jahre nach dem Urknall und haben verschiedenste Formen: Spiralen, Ellipsen und unregelmäßige Gestalten.

Wahrscheinlich gibt es Milliarden von Galaxien. Eine davon ist unsere Heimatgalaxis, die Milchstraße (das Wort *Galaxis* kommt von griechisch *gala*: Milch).

Was ist ein Sternenhaufen?

Manche Galaxien sind einander benachbart und bilden Sternenhaufen. Die Virgogruppe, die mehr als 60 Millionen Lichtjahre von uns entfernt ist, enthält über tausend Galaxien. Auch unsere Milchstraße gehört zusammen mit zwanzig anderen Galaxien einem eigenen Sternenhaufen an. Die größte Galaxis dieser Gruppe ist der Andromedanebel, der uns mit einer Entfernung von zwei Millionen Lichtjahren verhältnismäßig nahe ist. Man kann ihn mit bloßem Auge gerade noch erkennen. Da das Licht zwei Millionen Jahre braucht, um die Entfernung zur Erde zurückzulegen, sehen wir den Andromedanebel nicht so, wie er jetzt ist, sondern wie er vor zwei Millionen Jahren war. Umgekehrt: Ein heutiger Beobachter im Andromedanebel würde die Erde so sehen, wie sie zur Zeit der allerersten Menschen war. (Das ist nur ein Gedankenspiel. Ein so leistungsfähiges Fernrohr kann überhaupt nicht gebaut werden.)

Können wir unsere eigene Galaxis sehen?

Das „milchige" Lichtband am nächtlichen Himmel ist die Milchstraße, jene Galaxis, zu der auch unser Sonnensystem gehört. Wir sind so weit am Rande dieser Galaxis platziert, dass wir ihr Zentrum als helles Band am Himmel sehen. Könnten wir (von einer anderen Galaxis aus) unsere Milchstraße beobachten, so würden wir entdecken, dass sie die Form einer Spirale hat. Unsere Sonne läge dann in einem entfernten Spiralarm. Die Spiralarme der Milchstraße drehen sich wie ein Feuerwerksrad ums Zentrum.

Wie groß ist die Milchstraße?

Unsere Milchstraße hat einen Durchmesser von 100 000 Lichtjahren und ist in der Mitte zwanzig Lichtjahre stark. Insgesamt besteht sie aus hundert Milliarden Sternen. Im Zentrum ballen sich vierzig Milliarden Sterne zusammen. Sie sind dort so dicht gesät, dass durchschnittlich alle tausend Jahre zwei Sterne zusammenstoßen!

Im Vergleich zur Größe der Milchstraße ist unser Sonnensystem winzig klein. Wenn man sich die Milchstraße so groß wie Europa vorstellt, dann wäre unser Sonnensystem so klein wie eine Walnuss. Ein Zug, der von der Erde aus ins Zentrum der Milchstraße fahren wollte, bräuchte dazu 300 Milliarden Jahre – zwanzigmal das Alter unseres Universums!

Was ist ein Lichtjahr?

Die Entfernungen, mit denen Astronomen zu tun haben, sind so ungeheuer groß, dass sie sich neue Maßeinheiten ausdenken mussten – sonst käme man mit den vielen Nullen nicht zurecht.

Das „Lichtjahr“ ist so ein künstliches Maß für Entfernungen. Pro Sekunde durcheilt das Licht eine Strecke von fast genau 300 000 Kilometern; die Strecke, die ein Lichtstrahl in einem ganzen Jahr zurücklegt, nennt man „Lichtjahr“: 9 461 000 000 000 km (= 9,461 Billionen Kilometer). Ein anderes astronomisches Maß heißt „Parsec“. Dieses künstliche Wort ist aus Parallaxe und Sekunde gebildet. Ein Parsec (abgekürzt ps) beträgt 3,26 Lichtjahre.

Um Entfernungen in unserem Sonnensystem anzugeben, benutzt man normalerweise die „astronomische Einheit“ (abgekürzt AE). Sie beträgt ungefähr 50 Millionen Kilometer. Das ist die mittlere Entfernung der Erde zur Sonne.

Was ist zwischen den Sternen?

Die gewaltigen Räume zwischen den Sternen sind nicht völlig leer. Sie enthalten so genannte „interstellare Materie“ (*inter* heißt: zwischen; *stella*: Stern, beides kommt aus dem Lateinischen). Diese Materie ist unvorstellbar dünn gesät. Ein Liter Weltraum enthält lediglich 300 Atome; ein Liter Luft enthält tausend Milliarden Atome. Dennoch besteht ein Zehntel der Materie des Universums aus diesen kosmischen Nebeln oder Gaswolken.

Kann man kosmische Nebel sehen?

Man kann kosmische Nebel meistens nicht sehen. Sie erscheinen als dunkle Flecken am Himmel, weil sie die hinter ihnen liegenden Sterne abdecken. Andere leuchten ein wenig, wenn sie das Licht von Sternen reflektieren. Schließlich gibt es aber auch kosmische Leuchtnebel. Hier wird die interstellare Materie von nahen, heißen Sternen so stark bestrahlt, dass sie selbst zu leuchten beginnt.

Wie entstehen kosmische Nebel?

Viele Nebel sind bei der Explosion einer Supernova entstanden. Eine Supernova ist ein Stern, der in einem Helligkeitsausbruch heller werden kann als eine Milliarde von Sternen zusammen. Er kann in einem Monat so viel Energie verheizen wie unter normalen Umständen in einer Million Jahren. Dabei schleudert er Materiewolken in den Weltraum. Im Mittelalter konnte man die Explosion einer gewaltigen Supernova mitverfolgen, aus der der Krebsnebel hervorging. Er ist heute noch sichtbar. Damals konnte man sich dieses Ereignis natürlich noch nicht als Supernova und als Entstehung eines Nebels erklären. Auch der Veilnebel (Entfernung 2500 Lichtjahre) ist möglicherweise das Ergebnis einer gewaltigen Supernova. Dieses Ereignis fand vor 50.000 Jahren statt – nach kosmischen Maßstäben also erst gerade eben.

Entstehen immer noch neue Sterne?

Alle 18 Tage kommt in unserer Milchstraße ein neuer Stern zur Welt. Ein Stern entsteht, wenn sich Sternennebel zusammenballen. Durch den Druck wird das Innere des Nebels heißer und heißer. Bei etwa sechs Millionen Grad setzen atomare Reaktionen ein: so genannte „Kernfusionen" (Kernverschmelzungen). Dabei verschmelzen zwei Atome zu einem einzigen, und ungeheure Energien werden frei. Der Stern sendet Licht und Hitze aus. Die abgestrahlte Energie wird durch frische Energie ersetzt, die bei den Atomreaktionen im Inneren einer Sonne entsteht. Eine Sonne kann man als gigantisches Atomkraftwerk betrachten, in dem bei vollem Betrieb Temperaturen von 16 Millionen Grad herrschen.

Was passiert, wenn ein Stern stirbt?

Auch die Energie, die ein Stern in Form von Wasserstoffatomen zur Verfügung hat, ist nicht unerschöpflich. Irgendwann, nach vielen Milliarden Jahren, ist der Brennstoff verbraucht. Im Todeskampf bläht sich der Stern zu einem so genannten „roten Riesen“ auf, um dann schließlich zu einem „weißen Zwerg“ zusammenzuschrumpfen. Seine Materie wird dann unvorstellbar dicht: Eine Tasse mit der Materie eines weißen Zwerges würde so viel wiegen wie ein ganzer Eisenbahnzug!

Was ist ein schwarzes Loch?

Astronomen haben es mit vielen rätselhaften Phänomenen zu tun, für die man fantasievolle Namen braucht. Ein solches Rätsel geben die „schwarzen Löcher“ auf. Das sind Gegenden im Universum, die kein Licht ausstrahlen und auch kein Licht durchlassen. Man nimmt an, dass es sich um Himmelskörper handelt, die so schwer sind, dass sie alles Licht, das in ihre Nähe kommt, einfach „verschlucken“. Ein schwarzes Loch müsste dazu freilich vier Millionen Mal schwerer sein als unsere Sonne.

Stehen Sterne immer allein am Himmel?

Unsere Sonne ist ein Einzelgänger. Sehr viele Sterne jedoch, die sich zur gleichen Zeit gebildet haben, stehen zu zweit oder in Gruppen am Himmel, wobei sie sich gegenseitig umkreisen. Sternengruppen mit vielen Sternen nennt man „Sternenhaufen".

Was ist an unserer Sonne Besonderes?

An unserer Sonne ist nichts Besonderes – außer dass sie einen Planeten namens „Erde" hat, auf dem Lebewesen namens „Menschen" leben, die darüber nachdenken können, was an unserer Sonne so besonders ist. Tatsächlich ist die Sonne ein normaler Stern in einem ziemlich abgelegenen Seitenarm der Milchstraße. Um sie herum kreisen auf bestimmten Bahnen Planeten und kleinere Himmelskörper, die Asteroiden. Asteroiden (oder Planetoiden) sind Planeten, die zu klein sind, als dass man sie in die Liste der „richtigen" Planeten aufnehmen könnte.

Wie groß ist die Sonne?

Die Sonne hat einen Durchmesser von etwa 1,4 Millionen Kilometern; damit ist sie über hundertmal so groß wie die Erde und etwa zehnmal so groß wie der Jupiter. Wenn man sich die Sonne so groß vorstellt wie eine Orange, dann ist die Erde ungefähr so groß wie ein Stecknadelkopf, der die Orange in einer Entfernung von zehn Metern umkreist. In Wirklichkeit ist sie 150 Millionen Kilometer entfernt. Mit dem Zug bräuchte man für eine so unglaublich lange Strecke ungefähr 170 Jahre.

Wer ist unser nächster Nachbar im Universum?

Der Mond ist von der Erde nur ungefähr 350 000 bis 400 000 Kilometer entfernt – also relativ nahe. Ein Intercityzug wäre in drei Monaten dort. Der Mond hat an seinem Äquator einen Durchmesser von knapp 3 500 Kilometern. Sein Rauminhalt beträgt ein Achtzigstel des Erdvolumens – achtzigmal würde der Mond in die Erdkugel passen.

Warum verändert der Mond seine Form?

Natürlich verändert der Mond seine Form in Wirklichkeit nicht. Wir sehen bloß immer nur jenen Teil des Mondes, den die Sonne bescheint: Im monatlichen Durchlauf wird einmal die ganze Scheibe (Vollmond) angestrahlt, dann die Sichel; beim Neumond steht die „leere" Scheibe am Himmel, danach ist die Sichel andersherum zu sehen und schließlich wieder der Vollmond.

Gibt es in den Mondmeeren auch Wasser?

Die Bezeichnung „Meere" für die riesigen, dunkel erscheinenden Flächen auf dem Mond stammt aus der Frühzeit der Astronomie. Damals konnte man von der trockenen Beschaffenheit des Mondes nichts wissen. Heute weiß man, dass es sich bei den Mondmeeren um ehemalige Lavafelder handelt, die von Vulkanausbrüchen vor Millionen Jahren stammen. Wasser gibt es keines auf dem Mond.

Könnten sich Astronauten auf dem Mond ohne Funk unterhalten?

Der Mond hat keine Lufthülle. Damit fehlt ein Medium, das Schallwellen übertragen könnte. Auf dem Mond ist es daher absolut still. Astronauten könnten sich miteinander unterhalten, wenn sie ihre Helme gegeneinander pressten. Damit würden sie eine Schallbrücke bilden.

Welche anderen Planeten sind der Erde am ähnlichsten?

Die Erde gehört neben Merkur, Venus und Mars zur Gruppe der inneren Planeten: Sie heißen so, weil sie auf den inneren Bahnen die Sonne umlaufen, und sind einander ähnlicher als den Großplaneten auf den äußeren Bahnen. Allerdings sind auch diese Ähnlichkeiten nicht allzu groß. Die durchschnittlichen Oberflächentemperaturen reichen zum Beispiel von fast 500 Grad Celsius auf der Venus bis zu minus 23 Grad auf dem Mars.

Weshalb kreist der Mond um die Erde?

Der Mond befindet sich im Schwerefeld der Erde; die Schwerkraft, die uns daran hindert, von der Erde fortzuhüpfen, zieht auch ihn an. Da der Mond um die Erde kreist, sorgt gleichzeitig die Zentrifugalkraft (Fliehkraft) dafür, dass er nicht auf die Erde stürzt.

Weshalb leuchten Planeten am Himmel?

Planeten sind Himmelskörper, die um eine Sonne kreisen. Sie senden jedoch kein eigenes Licht aus. Wenn wir Planeten wie die Venus zum Beispiel als leuchtenden Stern am Himmel sehen, dann deshalb, weil die Venus von der Sonne beleuchtet wird und einen Teil dieses Sonnenscheins zurückwirft. Von der Venus aus betrachtet, würde auch unsere Erde am nächtlichen Himmel leuchten.

Übrigens ist die Venus derselbe Stern wie unser Abendstern; und der Abendstern ist derselbe Stern wie der Morgenstern. Wir nennen ihn einmal so und einmal so, weil er am Morgen woanders steht als am Abend. Als Planet kreist die Venus ja um die Sonne und verändert daher den Standort.

Welcher Planet ist der Sonne am nächsten?

Der Merkur, der nur ein Zwanzigstel der Erdgröße erreicht, umkreist die Sonne auf der innersten Bahn. Er ist mit 350 Grad am heißesten. Der Merkur (nach dem flinken römischen Götterboten benannt) ist von einer Lufthülle umgeben; diese Atmosphäre besteht aus Helium und ist äußerst dünn. Deshalb sinkt die Temperatur in der Nacht auch auf minus 170 Grad ab: Es gibt keine Lufthülle und keine Wolken, die verhindern, dass die Tageshitze nachts in den Weltraum abstrahlt.

Könnten es Menschen auf der Venus aushalten?

Nur in Raumstationen könnten sich Menschen auf der Venus aufhalten. Denn die Temperaturen dürften bis zu 500 Grad Celsius hoch sein. Der Grund dafür liegt in der Sonnennähe und in der Zusammensetzung der Venusatmosphäre, die fast völlig aus dem (für Menschen giftigen) Gas Kohlendioxid besteht. Kohlendioxid verhindert, dass die Hitze in den Weltraum abgestrahlt wird. Dadurch heizt sich die Venus wie ein Treibhaus auf.

Nicht nur giftige Luft und Hitze, auch der gewaltige Luftdruck würde es Menschen unmöglich machen, auf der Venus zu existieren. Die Atmosphäre ist so dicht, dass ein Druck herrscht wie in 900 Metern Meerestiefe.

Welche der inneren Planeten haben Monde?

Die Erde und der Mars haben Monde. Der Mars hat gleich zwei, Phobos und Deimos (beides ist griechisch; auf Deutsch bedeutet es: Furcht und Schrecken). Deimos, der kleinere der beiden, hat eine so geringe Schwerkraft, dass ein Astronaut mit einem Trampolin von ihm weghüpfen könnte – auf Nimmerwiedersehen. Der Unglückliche würde dann wahrscheinlich vom Mond Deimos auf den Mars zustürzen.

Wann kann man Kometen sehen?

Viele Milliarden von Kometen – Brocken aus gefrorenen (festen) Gasen, Gesteinen und Staub – umkreisen die Sonne. Alle Kometen zusammen wiegen nicht mehr als die Erde. Man kann sie nur dann sehen, wenn sie auf ihren Umlaufbahnen in die Nähe der Sonne geraten. Dann fängt ihr Schweif an zu glühen und leuchtet am Himmel auf.

Der berühmteste Komet ist der Halleysche Komet. Er kehrt alle 76 Jahre von seiner Bahn durch die Randbezirke des Sonnensystems zurück in die Nähe der Sonne; dann kann man ihn von der Erde aus beobachten.

Was passiert, wenn eine Sternschnuppe aufleuchtet?

Sternschnuppen oder Meteoriten sind Materieklumpen, die durch das Weltall rasen. Wenn sie in das Schwerefeld der Erde geraten und in die Lufthülle eintauchen, verglühen sie fast immer. Durch ihre Geschwindigkeit ist die Reibung an der Luft so stark, dass sie glühend heiß werden und sich auflösen. Dieses Verglühen erscheint am Nachthimmel als Leuchtspur.

Sternschnuppen gibt es natürlich auch tagsüber. Dann ist der Himmel aber so hell, dass man sie nicht erkennen kann.

Unsere Erde

Warum gibt es nur auf der Erde Leben und nicht auch auf anderen Planeten?

Auf der Erde herrschen im Gegensatz zu den heißen und kalten Planeten unseres Sonnensystems Bedingungen, die Leben, wie wir es kennen, zulassen: Die Temperaturen liegen im verträglichen Bereich; die Masse (und damit die Anziehungskraft) der Erde ist groß genug, um die Lufthülle festzuhalten und sie nicht ins Weltall entweichen zu lassen; die Atmosphäre ist so zusammengesetzt, dass wir atmen können und vor der tödlichen „harten" Strahlung, die im Weltraum herrscht, geschützt sind.

Wieso ist die Erde rund?

Materieteilchen, die sich durch die Schwerkraft gegenseitig anziehen, trachten danach, möglichst nahe zueinander zu rücken. Die Kugelform ist jene Form, in der das am besten möglich ist – wenn es keine anderen Hindernisse gibt und wenn das Material formbar (flüssig) genug ist.

Streng genommen ist die Erde keine Kugel. Sie ist –

durch die Drehbewegung um die Polachse – etwas abgeflacht. Zwischen den Polen ist der Erddurchmesser um fast fünfzig Kilometer kürzer als der Durchmesser am Äquator.

Weshalb kann man in Deutschland auch australische Radiosender empfangen?

Bestimmte Arten von Radiowellen (vor allem auf Kurzwelle) können an einem Punkt der Erde ausgestrahlt und an einem beliebigen anderen Punkt (mehr oder weniger gut) empfangen werden, obwohl dazwischen die ganze Erde liegt. Das funktioniert deshalb, weil diese Radiowellen von den elektrisch geladenen Teilchen in der Meso- und Thermosphäre zurückgeworfen werden. Diese Teile der Atmosphäre umhüllen die Erde in einer Entfernung von 50 bis 500 Kilometern.

Kurzwellen werden also zur Erde reflektiert (zurückgestrahlt), von der Erde wieder hochgeworfen und landen schließlich, nach einer Art planetarischem Pingpong, beim Empfänger am anderen Ende der Welt. Je öfter sie hin- und hergeworfen werden, um schließlich anzukommen, desto schwächer wird natürlich ihre Leistung. Zeitverluste entstehen dadurch kaum, weil sich Radiowellen mit Lichtgeschwindigkeit (etwa 300 000 Kilometer pro Sekunde) fortpflanzen. Bei Ultrakurzwellen ist das Ganze allerdings nicht möglich; hier müssen Sender und Empfänger „Blickkontakt“ haben.

Woraus besteht die Atmosphäre?

„Atmosphäre“ nennt man die Luftschicht um unsere Erde. Sie besteht in den unteren Schichten zu drei Vierteln aus Stickstoff und zu fast einem Viertel aus Sauerstoff. Der Rest sind Kohlendioxid und Spuren von Edelgasen wie Argon, Neon, Helium, Krypton, Xenon, Ozon und auch noch Wasserstoff. In der Luft schweben außerdem ständig Wasserdampf, mikroskopisch feine Staubkörnchen und die Sporen und Pollen von Pflanzen. Die äußeren Schichten der Atmosphäre sind hauptsächlich aus Helium, Wasserstoff und Sauerstoff zusammengesetzt.

Wieso fliegt die Atmosphäre nicht einfach weg?

Auch Luft hat natürlich ihr Gewicht; es ist zwar im Vergleich zu festen Körpern und auch Flüssigkeiten äußerst gering, aber dennoch hoch genug, um die Atmosphäre im Schwerefeld der Erde festzuhalten. Deshalb fliegt sie nicht davon.

Wie hoch reicht die Lufthülle der Erde?

Die Atmosphäre reicht bis zu 8000 Kilometer weit in den Weltraum. Atemluft gibt es jedoch nur in der untersten Schicht, der Troposphäre, die über den Polen acht Kilometer und über dem Äquator sechzehn Kilometer hoch reicht. Je höher man sich befindet, desto dünner ist die Luft, und desto schwieriger wird es, genügend Sauerstoff aufzunehmen. Auf dem Mount Everest (8848 Meter), dem höchsten Berg der Erde, enthält die Luft nur noch ein Drittel so viel Sauerstoff wie auf der Höhe des Meeresspiegels. Deshalb können die meisten Bergsteiger in diesen Höhen nur mit Sauerstoffmasken klettern.

Was atmen wir, wenn wir atmen?

Menschen und Tiere atmen den Sauerstoff der Luft ein und geben Kohlendioxid ab; Pflanzen nehmen Kohlendioxid auf und geben ihrerseits Sauerstoff ab.

Dieses Zusammenspiel hat vor zwei Milliarden Jahren seinen Anfang genommen: Damals begannen Algen, in einem chemischen Prozess Sauerstoff an die Atmosphäre abzugeben, die damals ein (für uns giftiges) Gebräu von Methan, Kohlendioxid, Stickstoff und Wasserstoff war. Dass wir heute Luft zum Atmen haben, das haben wir also unseren Mitbewohnern, den Pflanzen, zu verdanken.

Wovor schützt uns die Ozonschicht?

In einer Höhe von ungefähr 25 Kilometern, also in der Stratosphäre, liegt die Ozonschicht. Sie wirkt wie ein Filter, der dafür sorgt, dass die schädlichen Strahlen im Sonnenlicht die Erde nicht – oder nur in geringem Maß – erreichen. Das so genannte „Ozonloch" ist jene Stelle, wo die Ozonschicht durch menschliche Einwirkung verschwunden oder aufgerissen ist. Ozonlöcher entstehen vor allem durch Treibgase, wie sie in Kühlmitteln von Kühlschränken oder in Spraydosen verwendet werden. In Weltgegenden, wo die Ozonschicht am Himmel nicht mehr dicht genug ist und harte Strahlung nicht mehr ausfiltert, nehmen Erkrankungen wie Hautkrebs stark zu. Ganz ohne Ozonschicht wäre auf der Erde überhaupt kein Leben, wie wir es kennen, mehr möglich.

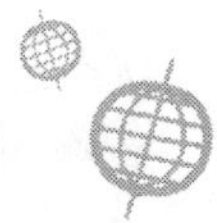

Wie hoch können Fluggeräte aufsteigen?

Der Höhenrekord eines unbemannten Fluggerätes liegt bei 52 Kilometern; so hoch stieg ein Ballon auf. Höher ging es nicht, weil weiter oben die Luft zu dünn ist und keinen Auftrieb mehr bietet. Ein sowjetisches MiG-25-Kampfflugzeug kann 38 Kilometer hoch fliegen, ein bemannter Ballon 18 Kilometer, ein Überschallverkehrsflugzeug vom Typ Concorde 18 Kilometer und ein normales Verkehrsflugzeug zwischen acht und zwölf Kilometer. Raketen können natürlich höher aufsteigen und die Atmosphäre komplett verlassen; sie sind zum Flug aber auch nicht auf Luft angewiesen, da sie nach dem Rückstoßprinzip funktionieren.

Weshalb fliegen Flugzeuge so hoch?

Je höher ein Flugzeug fliegt, desto dünner ist die Luft, und desto geringer ist auch der Luftwiderstand. Moderne Langstreckendüsenjets fliegen aber auch deshalb so hoch wie möglich, weil sie dann die Luftbewegungen in der Stratosphäre nutzen können (die Luftschicht in acht bis fünfzig Kilometern Höhe). Die so genannten „Jetstreams" (wörtlich: Strahlströme) wehen meist von West nach Ost und erreichen Geschwindigkeiten von manchmal 450 Stundenkilometern.

Wann wurde der Erdumfang zum ersten Mal berechnet?

200 Jahre vor unserer Zeit berechnete der Grieche Eratosthenes den Erdumfang mit 40 000 Kilometern recht genau.

Schon hundert Jahre früher hatte sein Landsmann Aristarchos von Samos behauptet, dass sich die Erde um die Sonne dreht und nicht umgekehrt. Er blieb mit seiner Auffassung allein.

Auf welcher Erdkugelhälfte leben die meisten Menschen?

Fast drei Viertel der Erdoberfläche sind mit Wasser bedeckt. Auf der Nordhalbkugel liegen die großen Landmassen mit Asien und Nordamerika, und hier leben achtzig Prozent der Menschen. Die südliche Halbkugel hat die meisten und größten Meere. Allein der Pazifik, der weite Flächen der Südhalbkugel bedeckt, ist dreimal so groß wie ganz Asien.

Welches ist die größte Insel?

Grönland ist mit einer Fläche von über zwei Millionen Quadratkilometern die größte Insel und damit fast zehnmal so groß wie Großbritannien.

Wo liegt die abgelegenste Insel?

Die nächsten Nachbarn der 299 Bewohner der Atlantikinsel Tristan da Cunha leben 2120 Kilometer entfernt – auch auf einer Insel, nämlich auf der Insel Sankt

Helena. Die abgelegenste unbewohnte Insel ist Bouvey Oya; sie liegt 1700 Kilometer von der Küste der Antarktis entfernt im Südatlantik.

Wo liegen die ältesten Teile der Erdkruste?

Westgrönland ist vor fast vier Milliarden Jahren und damit „schon" eine Milliarde Jahre nach jener Zeit entstanden, in der sich heiße Wirbel von kosmischem Staub und Gas zur Erde zusammengeballt hatten.

Was ist größer – die Antarktis oder Europa?

Wenn wir die Kontinente aufzählen, so vergessen wir allzu leicht die Antarktis. Dieser Erdteil ist praktisch unbewohnt – nur einige einsame Forschungsstationen sind bemannt (und befraut); doch an Größe übertrifft die Antarktis (mit über 13 Millionen Quadratkilometern) unser Europa (zehn Millionen Quadratkilometer) weit. Der größte Kontinent ist Asien mit 44 Millionen, der kleinste Australien (einschließlich der ozeanischen Inseln) mit acht Millionen Quadratkilometern.

Ist Europa ein eigener Kontinent?

Normalerweise zählt man Europa zu den Kontinenten. (Kontinente sind zusammenhängende Landmassen; man nennt sie auch „Erdteile".) Das kommt daher, dass wir die Geschichte und Geografie der Erde mit europäischen Augen ansehen. Mit asiatischen Augen betrachtet, ist Europa nichts weiter als eine an Asien hängende Halbinsel.

Welches sind die größten Vulkane?

Der größte Vulkan der Welt ist der Mount Kea bei Hawaii, mitten im Pazifischen Ozean – er ist insgesamt 9000 Meter hoch. 5000 Meter davon liegen unter der Wasseroberfläche. Der höchste „Landvulkan" ist der Kilimandscharo in Ostafrika mit 6000 Metern.

Warum brechen Vulkane aus?

Die Erde ist noch immer nicht „fertig" und zur Ruhe gekommen. Zwar hat sich die Erdkruste nach Jahrmillionen mittlerweile abgekühlt; doch im Inneren brodelt es munter weiter. Das Magma steht unter hohem Druck, und zwar auch in oberflächennahen Spalten und Röhren. Vulkane sind eine Art Ventil, durch das zuweilen Überdruck abgelassen wird. Manche Vulkane befinden sich im Ruhezustand; andere sondern zeitweise Schwefel ab, oder sie sind ständig schwach aktiv und spucken dabei regelmäßig Lava aus. – Schließlich kommt es immer wieder zu gefürchteten Vulkanausbrüchen.

Gibt es auch „frische" Vulkane?

Fast alle Vulkane sind in vorgeschichtlicher Zeit entstanden. Doch weil die Erde noch längst nicht völlig ausgekühlt ist, kommt es auch immer wieder zur Geburt von „frischen" Vulkanen. Vor der Südküste Islands zum Beispiel spielte sich im Jahr 1963 so ein Naturschauspiel ab. Ein Unterwasservulkan schleuderte Lava hoch, die sich abkühlte, fest wurde und schließlich über die Wasseroberfläche hinaus hochwuchs. Meerwasser, das in den Vulkankrater eingedrungen war, führte zu immer neuen Eruptionen, bis die neue Vulkaninsel schließlich weit genug über dem Wasser war und sich beruhigte.

Ziemlich neu – wenn man das Alter der Erde bedenkt

– sind zum Beispiel auch die Kanarischen Inseln vor der Westküste Afrikas; diese Inseln sind als Folge von Vulkanausbrüchen unter Wasser entstanden. Die Insel La Palma ist erst eine Million Jahre alt.

Wie dick können Lavaströme sein?

Lavaströme können zwanzig Meter und dicker werden; oft brauchen sie viele Jahre, bis sie endlich abgekühlt sind. Manchmal sind sie von Höhlen durchzogen; auf den Inseln La Gomera und Lanzarote (Kanarische Inseln) gibt es sogar bewohnbare Vulkanröhren.

Wie viele Vulkane gibt es überhaupt?

Man kennt rund 500 aktive Vulkane, von denen 80 unter der Meeresoberfläche liegen und deshalb auch sehr spät entdeckt wurden: vor hundert Jahren, als man begann, auf dem Meeresgrund Telegrafenkabel zwischen den Kontinenten zu verlegen. Die allermeisten Überwasser- und Unterwasservulkane gibt es im so genannten „Feuerkreis“ in der Südsee; dieses Gebiet umfasst die Philippinen, Hawaii und Polynesien. Auch in Zentralamerika (Mexiko) und in den Anden (Peru, Bolivien) gibt es tätige Vulkane. Das uns nächste Vulkangebiet ist Island.

Warum siedeln sich Menschen überhaupt in der Nähe von Vulkanen an?

Vulkane stoßen Schlacke, Gase und Lava aus, aber auch Asche. Bei kleineren Vulkanausbrüchen wird die Umgebung von Vulkanen oft mit Ascheschichten bedeckt, die den Boden fruchtbar machen. Deshalb siedeln sich an den Vulkanhängen gerne Bauern an; sie nehmen die Gefahr eines Ausbruchs in Kauf.

An den Hängen des Gunung Agung, eines Vulkans auf der indonesischen Insel Bali, konnten bis zum großen Ausbruch von 1963 jährlich drei Ernten eingebracht werden. Beim Ausbruch verloren 2000 Menschen ihr Leben.

Wie stark können Vulkanausbrüche sein?

Der gewaltigste Vulkanausbruch in geschichtlicher Zeit ereignete sich im Jahr 1883, als auf Java der Vulkan Krakatau förmlich explodierte. Die Explosion war so gewaltig, dass sie in Australien, 5000 Kilometer weiter, als dumpfes Grollen zu hören war. Die Erschütterungen konnte man noch an der 15000 Kilometer entfernten kalifornischen Küste wahrnehmen.

Der Krakatau schleuderte feurige Felsbrocken bis zu achtzig Kilometer weit durch die Luft. Vulkanasche trieb mit dem Wind um die Erde und sorgte für geheimnisvolle farbenprächtige Sonnenuntergänge. Am schlimmsten war die Flutwelle, die der Ausbruch über die Ozeane trieb: Sie wurde dreißig Meter hoch und tötete an den Küsten der indonesischen Inselwelt über 35000 Menschen.

Seit wann gibt es die Kontinente?

Die Erdkruste, so fest sie uns Menschen auch scheinen mag, ist ständig in Bewegung; tatsächlich treiben die Kontinente langsam, aber beharrlich auf dem flüssigen Untergrund der Erde herum: Sie stoßen zusammen, trennen sich wieder und brechen auseinander wie ungeheure Flöße auf einem Meer. Vor 200 Millionen Jahren hat die Erde ganz anders ausgesehen. Damals gab es eine einzige große Landmasse, die vom Meer umgeben war. Später haben sich einzelne Schollen von diesem Urkontinent abgetrennt. Vor 65 Millionen Jahren gab es folgende Erdteile: einen euro-asiatischen Kontinent, einen zusammenhängenden afro-amerikanischen Kontinent und einen Erdteil, der jetzt die Antarktis bildet. Die Landmasse, die heute Indien ist, war damals eine Insel für sich.

Wie entstehen Meeresgräben?

Die Kontinentalverschiebung kann Gebirge aufwerfen, sie kann aber auch Gräben bilden. Diese Gräben liegen allerdings tief am Meeresboden. Beim Peru-Chile-Graben im Pazifik drücken zwei Platten gegeneinander, die Platten schieben sich jedoch nicht hoch, sondern pressen sich immer tiefer in den heißen Erdmantel.

Wann werden sich Alaska und Sibirien vereinigen?

Falls die Kontinentalverschiebung in der alten Geschwindigkeit weiterläuft – und nichts spricht dagegen –, dann wird die Erde in Zukunft wiederum ganz anders aussehen. In fünfzig Millionen Jahren könnten Alaska und Sibirien wieder zusammenwachsen. Noch später könnten sich auch Asien, Europa und Afrika durch Verschwinden des Mittelmeeres zu einer einzigen Landmasse vereinigen.

Wo ist das Meer verschwunden?

Gewaltige Veränderungen bewirkt nicht nur die Natur selbst. Auch der Mensch greift in die natürlichen Abläufe ein und gestaltet die Welt um. Ein Drittel der Ackerfläche von Holland ist ehemaliger Meeresboden und war vor wenigen hundert Jahren noch Nordsee. Diese Gebiete wurden dem Meer Stück für Stück abgerungen. Deiche riegelten Teile des flachen Meeres ab, das Wasser wurde abgepumpt. Diese landwirtschaftlichen Flächen liegen unter dem Meeresspiegel und würden ohne Deichanlagen sofort wieder überflutet.

Die Menschen haben auch Täler geschaffen: Eine ehemalige Kupfermine in Utah (USA) ist fast vier Kilometer lang und 800 Meter tief.

Die größten Veränderungen durch Menschenhand sind jedoch die Rodungen gigantischer Waldflächen. Im frühen Mittelalter war Deutschland fast vollständig von Urwäldern bedeckt; zwischen Alpen und Nordsee hätte sich ein mittelalterlicher Tarzan von Baum zu Baum schwingen können, ohne jemals den Boden zu berühren.

Warum bebt die Erde eigentlich nicht ständig?

Was die Verschiebungen von Gesteinsmassen im Erdinneren anrichten, das hängt auch davon ab, aus welchem Material diese Massen bestehen. Manchmal handelt es sich um Gestein, das elastisch genug ist, die Bewegungen abzufedern. Und viele Erdbeben sind einfach zu schwach, als dass wir Menschen sie direkt spüren könnten: Bevor die Wellen die Erdoberfläche erreichen, sind sie schon abgedämpft. Mit besonders empfindlichen

Geräten, so genannten „Seismografen“, lassen sich auch sehr schwache Erdstöße registrieren, die man sonst gar nicht bemerken würde.

Wie weit können sich Erdbeben ausbreiten?

Starke Erdbeben können noch in Entfernungen von hunderten Kilometern gespürt werden. Viele Texaner haben das Erdbeben in Mexiko im Jahr 1985 wahrgenommen, als in ihren Swimmingpools plötzlich kleine Wellen entstanden.

Wie entstehen Erdbeben?

Obwohl die großflächigen Schollen, aus denen sich die Erdkruste zusammensetzt, äußerst langsam gegeneinander stoßen oder auseinander driften, so ist diese Bewegung doch die Ursache für die größten Naturkatastrophen, welche die Menschheit kennt: die Erdbeben. Bei diesen Verschiebungen ganzer Kontinente treten ungeheure Spannungen im Erdinneren auf, die sich dann schlagartig lösen.

Was ist ein Epizentrum?

Dort, wo tief im Inneren der Erde die Gesteinsmassen aufeinander prallen, liegt das so genannte „Epizentrum" eines Bebens. Von hier gehen die Erdstöße aus, die sich dann wellenförmig in alle Richtungen fortpflanzen und an der Erdoberfläche katastrophale Verwüstungen anrichten können. Am stärksten betroffen von Erdbeben sind Gebiete, die direkt über dem Epizentrum liegen.

Kann man Erdbeben voraussagen?

Dort, wo schon einmal Erdbeben stattgefunden haben, wird es mit großer Sicherheit wieder zu Erdbeben kommen. Forscher können auch sagen, warum bestimmte Gebiete gefährdet sind und andere nicht: Das hängt eben von den Verschiebungen im Erdinneren zusammen. Man kann aber nicht voraussagen, wann die Erde beben und wie stark das Beben sein wird. Um drohenden Gefahren zu begegnen, versucht man in vielen Erdbebengebieten (Japan oder Kalifornien zum Beispiel), Häuser so zu bauen, dass sie Erdstöße überstehen können und nicht gleich einstürzen.

Leider haben Menschen nicht die Begabung, Erdbeben so vorauszuspüren, wie manche Tiere es tun. Haustiere (Gänse oder Hunde) werden schon Minuten vor dem Eintreffen von Erdstößen unruhig. Und in China hat man beobachtet, dass Kakerlaken kurz vor Erdbeben ihre Schlupfwinkel verlassen; offensichtlich wirken die langen Fühler dieser Insekten wie besonders empfindliche Seismografen.

Wo gibt es die meisten Erdbeben?

Den traurigen Rekord an Erdbeben hält China. Die stärksten Erdbeben in diesem Land, die Beben von 1556 und 1976, forderten jeweils eine Viertelmillion Menschenleben.

Was macht Erdbeben so gefährlich?

Das Schwanken der Erde bringt nicht nur Gebäude zum Einsturz, die dann Menschen unter sich begraben können. Mindestens ebenso groß ist die Brandgefahr. Bei Erdbeben können in Städten Gasleitungen platzen; ausströmendes Gas entzündet sich, was dann oft zu Großbränden führt. Außerdem können Trinkwasserleitungen bersten; Strom und Telefon fallen aus, und Straßen werden unpassierbar, sodass es außerordentlich schwierig wird, tatkräftige Hilfe zu leisten. Das Feuer nach dem großen Erdbeben von San Francisco im Jahr 1906 konnte erst nach dreieinhalb Tagen gelöscht werden; allerdings war die Stadt auf Beben nicht vorbereitet, und die Häuser hatten fast alle aus Holz bestanden.

Wie kommen Menschen und Tiere mit großen Höhen zurecht?

Je höher wir steigen, desto dünner wird die Luft: Wir nehmen immer weniger Sauerstoff auf. Untersuchungen an den Indianern des Quechua-Stammes, die in den Anden auf Höhen zwischen 3500 und 4000 Metern leben, haben ergeben, dass sie größere Herzen und größere Lungen haben. Sie können pro Atemzug mehr Sauerstoff aufnehmen, und das Herz kann pro Herzschlag mehr Blutsauerstoff weitertransportieren als bei Flachlandindianern. Auch die Tiere haben sich auf diese Weise den extremen Höhenlagen angepasst.

Wo liegt das höchste Land?

Das höchste Land der Erde ist dort, wo auch die höchsten Berge sind: im Gebiet des Himalaja. Tibet liegt durchschnittlich 4500 Meter hoch.

Die höchstgelegene Hauptstadt ist allerdings La Paz in Bolivien. Sie befindet sich in 3625 Metern Höhe in den südamerikanischen Anden.

Wie entstehen Gebirge?

Manche Berge bilden sich innerhalb weniger Tage: wenn ein Vulkan ausbricht und ein Massiv aus erstarrender Lava aufhäuft. Doch normalerweise entstehen Gebirge durch den Zusammenprall von Landmassen, die sich bei ihrem langsamen Driften ineinander schieben und Gebirgsketten aufwerfen – ein Prozess, der Jahrmillionen dauern kann. Wind und Wetter tun ein Übriges, um den Gebirgen ihre jeweilige Form zu geben. Im Laufe von Jahrtausenden verlieren die Hänge etwas von ihrer Steilheit. Außerdem graben sich Flüsse in die Täler und vertiefen sie v-förmig. Für die breiten, u-förmigen Täler hingegen sind Gletscher verantwortlich, die sich während der Eiszeiten durchgeschoben haben.

Was wächst in der Tundra?

Für richtige Bäume ist es in der Tundra zu kalt; stattdessen wachsen hier niedrige Holzgewächse, die eher in die Breite als in die Höhe streben. Diese seltsamen Sträucher sind oft nicht höher als zehn Zentimeter, ihre Äste kriechen jedoch meterweit über den Boden dahin.

Ist die Tundra bewohnbar?

Insgesamt leben nur eine halbe Million Menschen in Tundren, unter ihnen 100 000 Inuits (Eskimos), die in Blockhäusern oder auch in Iglus wohnen, etwa 300 000 Jakuten in Sibirien und 30 000 Lappen in Skandinavien.

Warum gibt es in der Tundra so viele Sümpfe?

Tundren sind Gebiete, in denen oft sehr viel Regen oder Schnee fällt. Da aber der Boden den Sommer über nur oberflächlich auftaut und der Boden darunter hunderte Meter tief gefroren ist, kann das Wasser nicht versickern. Wenn es auch nicht über Flüsse abfließen kann, bilden sich weitläufige Gebiete voller Sümpfe und flacher Seen. Im Winter wird es in der Tundra häufig kälter als selbst in den polaren Gebieten. Man hat schon Temperaturen von minus siebzig Grad und darunter gemessen.

Woher weiß man, wie alt ein Fossil ist?

Die Versteinerungen gewisser Algen und Bakterien, die in verschiedenen Teilen der Welt gefunden wurden, lassen auf ein Alter von drei Milliarden Jahren schließen. Fossilien von Reptilien stammen oft aus dem Perm, einer Periode vor 230 bis 280 Millionen Jahren. Andere Fossilien sind oft nur wenige Millionen Jahre alt.

Um das Alter herauszufinden, gibt es indirekte, detektivische Methoden und eine direkte Messmethode. Die indirekte Methode erschließt das Alter eines Fossils aus Indizien, also Hinweisen: In welchen Gesteinsschichten lag das Fossil? Wie verhält sich dieses Gestein im Zusammenhang mit der Ausrichtung des Erdmagnetfeldes (das sich nach bestimmten Zeitabläufen verändert)? Auf welches Klima lässt die Art der Versteinerung schließen? Und so weiter. Die direkte Methode besteht darin, aus gewissen radioaktiven Eigenschaften des Fundes auf den Zeitpunkt zu schließen, zu dem der radioaktive Zerfall begonnen hat. Am bekanntesten ist die C-14-Methode; C steht für Kohlenstoff (Carboneum).

Woher kommen eigentlich die Steine?

Gestein entstand, als sich das Magma – der weiß glühende „Urstoff" der Erde – vor vielen Milliarden Jahren abkühlte: Gestein ist erkaltetes Magma. Gesteine haben die vielfältigsten Eigenschaften je nach ihrer mineralischen Zusammensetzung und nach der Art ihres Entstehens: Granit oder Basalt zum Beispiel sind Urgesteine; andere Gesteinsarten (Ablagerungsgesteine) bildeten sich im Laufe der Erdzeitalter.

Welcher Stein ist am härtesten?

Gesteine oder Mineralien (das sind die natürlich gebildeten Stoffe der Erdkruste) werden nach Härtegraden von 1 bis 10 eingeteilt. Am weichsten ist das Mineral Talk mit einem Härtegrad von 1. Talk wird auch „Speckstein" genannt und dient unter anderem zur

Herstellung von Puder. Am härtesten ist der Diamant: Härtegrad 10. Diamanten können jedes andere Mineral ritzen; einen Diamanten selbst kann man nur mit Hilfe eines anderen Diamanten bearbeiten.

Wieso kann man in manchen Gebirgen versteinerte Muscheln finden?

Das Gestein zahlreicher Berge war vor vielen Millionen Jahren Meeresboden, auf dem sich Muscheln ablagern konnten. Später wurde der Meeresboden durch Verschiebungen hochgefaltet und nach oben gedrückt.

Können sich Steine verändern?

Steine können sich verändern. Solche Gesteine, die im Lauf der Erdgeschichte wieder in den heißen Erdmantel zurückgeschoben und dort unter Druck und Hitze in eine andere Gesteinsart umgeschmolzen wurden, nennt man „Umwandlungsgesteine“. Marmor zum Beispiel war früher einmal Kalkstein; und Diamanten – Edelsteine also – sind aus Steinkohle entstanden.

Wie sind Ablagerungsgesteine entstanden?

Ablagerungsgesteine wie Kalkstein, Kreide oder Sandstein bestehen aus Schichten, die an anderen Gesteinen zerrieben wurden; sie können versteinerte Tiere und Pflanzen enthalten. Der harte Kalkstein birgt oft versteinerte Muscheln, die weichere Kreide versteinerte Überreste von kleinen Tieren. Ablagerungsgesteine sind in Wind und Wetter verwittert, wurden von Flüssen ausgewaschen und bei gewaltigen geologischen Ereignissen, wie bei der Bildung von Gebirgen, ineinander verschoben, aufeinander abgelagert und unter Druck gesetzt.

Wie bringt man Diamanten zum Funkeln?

Wenn man Diamanten aus der Erde holt, sehen sie zunächst aus wie bunte Kieselsteine: weiß oder gelb, rosa, grün, blau oder braun, rot oder schwarz – hübsch, aber nicht eben auffällig. Erst wenn sie kunstgerecht geschliffen und poliert werden, entsteht ihr berühmtes „inneres Feuer“, und zwar durch vielfache Brechung und innere Spiegelung des Lichts.

Wie kommt der Sand auf den Strand?

Sand ist zu Körnchen verwittertes oder durch Wind und Wasser zerriebenes Gestein, das von Wellen oder Gezeiten an Küsten getrieben wurde; manche Sandstrände sind aber auch vom Wind angeweht worden. Sandstrände können viele Farben haben; es gibt weiße Strände wie in Florida und schwarze Strände auf Vulkaninseln wie La Palma. Teneriffa, eine Vulkaninsel vor der arabischen Atlantikküste, hat gleich drei Sorten Sandstrände: Der Sand der schwarzen Strände besteht aus schwarzem Vulkangestein, das die Brandung in hunderttausenden von Jahren zu Sandkörnern zerrieben hat. Der gelbliche Sand auf den Stränden im Süden der Insel wurde von Stürmen aus der Sahara angeweht. Und schließlich hat man auf Frachtschiffen weißen Sand von der afrikanischen Küste angeschleppt, damit Urlauber sich auch auf weißen Sandstränden sonnen können. Weißer Sand besteht zumeist aus Quarz und zerriebenen Muscheln und Korallen. In anderen Weltgegenden schillern Sandstrände in unwahrscheinlichen Farben; das kommt von den verschiedenen Materialien, die zu Sand zerrieben wurden. Goldfarbener Sand kommt vom Glimmer, roter vom Granat und rosaroter Sand vom Feldspat.

Warum sind Klippen so zerklüftet?

Wind und unablässiger Wellenschlag, dazu noch die Strömungen bei Ebbe und Flut nagen unablässig an Felsküsten; sie greifen dort an, wo der Fels am schwächsten ist. Mit der Zeit werden diese weicheren Stellen ausgewaschen und ausgehöhlt und bilden jetzt immer bessere Angriffspunkte für Wasser und Wind.

Wie hoch können Stranddünen werden?

Die höchsten Dünen häuft der Wind an der französischen Atlantikküste an; sie können dort hundert Meter hoch werden. Zumeist weht der Wind landeinwärts. Stranddünen schieben sich oft um mehrere Meter pro Jahr ins Landesinnere und können auf ihrem Weg Häuser und Wälder begraben.

Gibt es Meereshafenstädte im Landesinneren?

Die Meeresküste ändert sich ständig: Auf der einen Seite tragen Wellen und Strömungen Teile der Küste ab und lassen sie ins Meer brechen; die nordfriesische Insel Sylt beispielsweise verliert dauernd Boden an die Nordsee. Andere Küstengebiete wiederum können im Laufe der Jahrhunderte verlanden, wenn das Meer zurückweicht. Einige antike römische Mittelmeerstädte – wie zum Beispiel Cäsarea im heutigen Israel – verlandeten, verloren ihre Bedeutung, wurden von den Einwohnern verlassen und gingen unter. Andere ehemalige Häfen wie etwa Rye in Kent (England) „wanderten" im Laufe der Jahrhunderte kilometerweit ins Landesinnere.

Sind alle Meere miteinander verbunden?

Sämtliche Salzwassermeere bilden eine durchgehende Wasserfläche, auch wenn sie bisweilen nur durch eine schmale Pforte miteinander verbunden sind – wie Mittelmeer und Atlantik durch die Straße von Gibraltar. Der größte Ozean, der Pazifik, bedeckt insgesamt ein Drittel der Erdoberfläche. Er ist 165 Millionen Quadratkilometer groß – das Mittelmeer bloß 2,5 Millionen Quadratkilometer. Am breitesten ist der Pazifik (auch „Stiller Ozean" genannt) zwischen Panama und Malaysia. Er umspannt an dieser Stelle mit 17 700 Kilometern fast den halben Erdumfang.

Wie schnell fließen Meeresströmungen?

Rund um die Erde sind ständig Meeresströme in Bewegung, die – wie der Golfstrom – achtzig Kilometer breit sein und mit sechs Stundenkilometern fließen können. Die Meeresströmungen fließen auf der nördlichen Halbkugel meistens im Uhrzeigersinn, auf der südlichen Halbkugel in umgekehrter Richtung.

Warum ist es im Winter in Island wärmer als in New York?

New York liegt fast 3000 Kilometer weiter südlich als die im hohen Norden liegende Insel Island; und dennoch sind die Winter in Island oft wärmer als die Winter in New York. Ursache dafür ist der Golfstrom. Diese gewaltige Meeresströmung wälzt sich aus dem Golf von Mexiko quer über den Atlantik nach Nordeuropa, wo sie für ein verhältnismäßig mildes Klima sorgt, indem sie die Gewässer und damit auch die Luft erwärmt. Der Golfstrom hat im Ursprungsgebiet an die dreißig Grad Celsius und kommt im Winter vor Irland mit immer noch zehn Grad und vor Nordskandinavien mit fünf Plusgraden an. Ohne ihn hätten Nordeuropa und Nordwesteuropa ein wahrhaft sibirisches Klima. New York hingegen liegt im Einflussbereich des kalten Labradorstroms, dessen Temperaturen zwölf Grad unter jenen des Golfstroms liegen.

Gibt es Gebirge unter Wasser?

Wie das Festland besteht auch das Land unter Wasser aus Bergen, Tälern, Tiefebenen und Hochflächen. Die Berge unter dem Meeresspiegel bilden Gebirge mit einer Gesamtlänge von 60000 Kilometern. Im Pazifik hat man 14000 Berge ausgemessen, die zwischen 600 und fast 2000 Meter hoch sind. Einige der Bergspitzen ragen als Inseln aus dem Meer. Der Meeresboden besteht aus Stein, Sand, Schlamm und aus Schichten von abgestorbenen Pflanzen und Tieren, in denen eine Vielzahl kleiner und kleinster Lebewesen wohnt.

Wie tief ist die tiefste Stelle im Meer?

Der Marianengraben im Pazifischen Ozean ist 11 022 Meter tief. Mit dem Tauchboot Trieste tauchten Forscher fast (bis auf hundert Meter) auf den Grund des Grabens. In diesen Tiefen herrscht der unvorstellbare Wasserdruck von einer Tonne auf der Fläche einer Briefmarke.

Wie tief leuchtet die Sonne ins Meer?

Bis höchstens 250 Meter Tiefe können in glasklaren Gewässern noch Spuren von Helligkeit reichen. Darunter ist es absolut finster und mit plus vier Grad Celsius das ganze Jahr über auch empfindlich kalt. Dennoch leben Tiere wie der Weißhai, der Tiefseeaal, die Qualle oder die Tiefseegarnele in Tiefen bis zu 500 Metern. Weiter unten gibt es nur noch Tiefseefische wie den Tiefseeangler, der ein eigenes Leuchtorgan hat. Es wird mit Leuchtbakterien betrieben und lockt Beutetiere an. Der Tiefseeangler lebt in einer Tiefe von 3 000 Metern.

Wie viel Salz ist in den Meeren?

Meerwasser besteht im Durchschnitt zu 96 Prozent aus Wasser, zu 3 Prozent aus Kochsalz und zu insgesamt 1 Prozent aus achtzig verschiedenen Stoffen, unter anderem aus Magnesium, Schwefel, Kalzium, Brom, Kalium und Kohlenstoff. Würde man alle Meere entsalzen und das Salz über die gesamte Erdoberfläche verteilen, bekäme man eine anderthalb Meter hohe Salzschicht.

Der Salzgehalt der Meere ist sehr unterschiedlich: Das Rote Meer enthält zum Beispiel sechsmal so viel Salz wie die Ostsee.

Wie kommen Wolken in den Himmel?

In offenen Gewässern (vom Meer über Seen bis zu Gartenteichen oder Pfützen) verdunstet ständig etwas Wasser: Es verwandelt sich von seiner flüssigen Form in gasförmigen Dunst oder Dampf. Je wärmer Wasser ist, desto schneller verdunstet es, und je größer die Flächen sind, desto mehr Wasser steigt als Wasserdampf auf. Allerdings ist dieser Dunst zunächst unsichtbar; erst dort, wo er sich abkühlt – in größerer Höhe –, kondensiert der Wasserdampf und wird dadurch sichtbar. Kondensieren heißt:

sich vom (unsichtbaren) Dampf in (sichtbare) Flüssigkeit zurückverwandeln. Letztlich ist es also die Energie der Sonne, die Wasser auf dem Weg der Verdunstung hoch in den Himmel transportiert und in Wolken verwandelt. Diese Wolken wiederum treiben mit dem Wind und verteilen das lebensnotwendige Wasser über weite Gebiete der Erde.

Woraus sind Wolken gemacht?

Wolken sind Ansammlungen von feinsten Wassertropfen und winzigen Eiskristallen; sie bestehen also aus nichts als Wasser.

Wie kommt Regen zustande?

Sobald eine Wolke keine Feuchtigkeit mehr aufnehmen kann – sobald sie „gesättigt" ist –, beginnen die winzigen Wassertröpfchen innerhalb der Wolke zu fallen. Bei ihrem Fall durch die Wolke stoßen sie an andere Tröpfchen und vereinigen sich mit diesen. Aus Tröpfchen werden Tropfen, die wieder neue Tropfen mitreißen und schließlich zur Erde fallen.

Wie groß werden Regentropfen?

Bei Wolkenbrüchen können sich Tröpfchen zu Riesentropfen mit einem Durchmesser bis zu sieben Millimetern zusammentun. Feiner Sprühregen hingegen bringt Tröpfchen, die keinen halben Millimeter stark sind. Bei dieser Art des Sprühregens spüren wir die einzelnen Wassertropfen gar nicht, sondern werden „einfach so" nass.

Wie entstehen Schneeflocken?

Wenn es in einer Wolke kältere und wärmere Zonen, feuchtere und trockenere Bereiche gibt, so verwandelt sich diese Wolke in eine Art „Schneemaschine". Feuchtwarme Luft steigt nämlich innerhalb der Wolke in trockene, kalte Bereiche auf. Ihr Luftstrom zieht Wassertröpfchen mit. Wenn es kalt genug wird, vereisen diese Tröpfchen und bilden den „Kern" einer künftigen Schneeflocke. An diesen Kern fügen sich jetzt Wasserdampfteilchen an, und zwar in einem bestimmten Muster. Nach und nach bildet sich ein Schneekristall, der schließlich die Wolke verlässt und Richtung Erde fällt. Ob die Schneeflocke allerdings auch unten ankommt, hängt von der Lufttemperatur ab. Ist es unten wesentlich wärmer als null Grad, dann schmilzt die Flocke. Was weiter oben noch eine Schneeflocke war, kommt unten dann als Wassertropfen an.

Kann Wasser Säulen bauen?

Nicht nur Eis, sondern auch warmes Wasser kann „Säulen bauen“. Dieses Phänomen lässt sich in Tropfsteinhöhlen beobachten. Dabei tropft über Jahrhunderte unablässig Wasser aus einem Spalt in der Höhlendecke auf eine bestimmte Stelle. Dieses Wasser ist zuvor durch Kalkstein gesickert und hat sich mit einem bestimmten Mineral, nämlich Kalkspat, angereichert. Nun tropft es ab. Und während das Wasser des Tropfens verdunstet, bleibt jedes Mal eine winzige Spur von Kalkspat zurück. Unendlich langsam, Tropfen für Tropfen, baut sich das Wasser zu Säulen auf, die viele Meter hoch werden können. Säulen, die vom Boden hochwachsen, nennt man „Stalagmiten“; hängen sie von der Decke herunter, heißen sie „Stalaktiten“.

Was sind eigentlich Wüsten?

Wüsten sind karge Gebiete, wo aufgrund der Trockenheit nur wenige Pflanzen und Tiere leben können. Wüsten bedecken ein Fünftel des gesamten Festlandes der Erde. Obwohl wir beim Wort „Wüste“ normalerweise sofort an die heißen Sandwüsten der Sahara denken, sind nur wenige Wüsten mit Sand bedeckt; die meisten werden von Schotter, Geröll oder nacktem Fels gebildet. Nur ein Siebtel aller Wüsten sind Sandwüsten.

Waren die Wüsten immer schon wüst?

Viele Wüsten, zum Beispiel in Nordafrika, entstanden erst durch Veränderungen des Weltklimas. Es gab Zeiten, in denen die Sahara ein blühender Landstrich war. Im Lauf von vielen Millionen Jahren war sie nacheinander mit Eis, mit Meer, mit Wäldern und mit Steppe bedeckt.

Die vom Menschen angerichteten Verwüstungen werden heute immer deutlicher. Schon die Römer beispielsweise holzten weite Teile des heutigen Jugoslawiens und Italiens ab und hinterließen unfruchtbare Karstgebiete. Auch die großen Halbwüsten von Spanien sind eine Folge rücksichtsloser Abholzungen. Und die Wüste Sahara dehnt sich deshalb immer weiter aus, weil zu viele Weidetiere die jungen Pflanzen am Rande der Wüste abfressen und dafür sorgen, dass kein Bewuchs aufkommen kann. Die größte Gefahr droht jedoch den Regenwäldern in den südamerikanischen, afrikanischen und asiatischen Tropen. In diesen Wäldern wird jährlich eine Fläche von der Größe Belgiens abgeholzt; schon wenige Jahre nach dem Kahlschlag ist dort Wüste.

Sind Wüsten immer heiß?

Man unterscheidet Wärme- und Kältewüsten. Wärmewüsten sind, zumindest tagsüber, das ganze Jahr hindurch heiß. Die bei weitem größte Wärmewüste ist die Sahara in Nordafrika, die mit 8,4 Millionen Quadratkilometern fast so groß ist wie ganz Europa. In Kältewüsten dagegen sind die Sommer heiß und die Winter kalt. Die Wüste Gobi in Zentralasien ist so eine Kältewüste. Sie ist ungefähr zwei Millionen Quadratkilometer groß. Aber auch in manchen nordamerikanischen Wüsten sind im Winter die Kakteen mit Schnee bedeckt – ein sonderbarer Anblick. Sogar in der Sahara – und zwar im Hoggargebirge – kann es vorkommen, dass Schnee fällt.

Ist Leben in der Wüste möglich?

Nur wenige Lebewesen sind dafür ausgestattet, in der Wüste mit ihrer extremen Trockenheit, der Hitze am Tag und der Kälte in der Nacht zu überleben. Einer dieser Außenseiter ist die Känguruа ratte, die drei Jahre lang ohne Wasser auskommen kann. Sie ernährt sich ausschließlich von trockenen Samen.

Wie können Dünen wandern?

Wanderdünen sind wellenförmige Anhäufungen von Sand. Wie Wasserwellen, nur sehr viel langsamer, bewegen sich auch diese Sandwellen fort. Der Wind wirbelt Sand auf, der sich an der oberen Kante der Düne – am Wellenkamm – anhäuft und auf der windabgewandten Seite wieder herunterrieselt. Wanderdünen schaffen pro Jahr eine Strecke von höchstens fünfzig Metern.

Was ist Brandrodung?

Von „Brandrodung" spricht man, wenn Wälder nicht abgeholzt, sondern abgebrannt werden, um Felder zu gewinnen. Brandrodungen in tropischen Ländern vernichten große Teile der Regenwälder. Die meisten Regenwälder liegen in armen Ländern, wo der fruchtbare Boden einigen wenigen Großgrundbesitzern gehört. Die besitzlosen Bauern sind gezwungen auszuweichen. Häufig siedeln sich die bettelarmen Familien entlang der Straßen an, die von Holzfällerfirmen in den Urwald geschlagen werden. Um schnell an Mais- und Kartoffelfelder zu gelangen, werden die Urwälder oft einfach angezündet. Die Asche des Holzes ergibt so viel Dünger, dass man auf diesen abgebrannten Flächen einige Jahre lang Getreide oder Früchte ernten kann. Dann sind die Böden ausgelaugt; auf ihnen wächst nichts mehr, und die Siedler ziehen tiefer in den Urwald. Dort fängt alles von vorne an.

Warum folgt den Holzfällern oft die Wüste?

Das bunte, kraftstrotzende Leben in den Regenwäldern von Afrika, Asien und Südamerika spielt sich nur zu einem geringen Teil am Urwaldboden ab. Die pflanzliche „Biomasse“ (so nennt man die Gesamtheit der Pflanzen) strebt nach oben. Der Boden, der nur wenig Sonne und Licht abbekommt, ist sehr nährstoffarm. Werden nun die Bäume gefällt und wird nicht sogleich sachgerecht wieder aufgeforstet, so kippt das natürliche Gleichgewicht um. Der ohnehin dürftige Boden ist den gewaltigen Regenfällen schutzlos ausgeliefert. Er kann die Wassermassen nicht aufnehmen und wird vom Regen ausgewaschen. Die pralle Sonne tut ein Übriges, und wo noch wenige Jahre zuvor blühendes Leben herrschte, ist jetzt tote Wüste aus rotem Sand.

Was ist der Unterschied zwischen Steppen und Savannen?

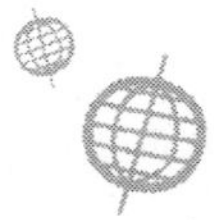

Baumlose Gebiete, in denen fast nur Gras wächst, nennt man „Steppen“ oder „Savannen“. Diese Grasländer bedecken fast ein Viertel des Festlandes. Savannen liegen in tropischen Gebieten; hier werden die Gräser bis zu vier Meter hoch. Steppen hingegen findet man in Landstrichen mit gemäßigtem Klima. Es gibt sie in allen Erdteilen (außer natürlich in der Antarktis), und zwar überall dort, wo das Wasser nicht ausreicht, um Wälder wachsen zu lassen, wo es aber immerhin so viel regnet, dass keine Wüsten entstehen. Steppen haben heiße Sommer und kalte Winter.

Wie heißen die Steppen in den verschiedenen Ländern?

Viele Länder, in denen es Steppen gibt, haben ihre eigenen Bezeichnungen für diese Art von Landstrichen. Nordamerikaner nennen ihre Steppen „Prärie“, Argentinier „Pampa“, Südafrikaner „Veldt“ und Australier „Busch“.

Welche Bedeutung hat Gras für die Menschheit?

Von den Gräsern, die in Steppen und Savannen wachsen, gibt es über 100 000 Arten. Aus einigen dieser wilden Gräser haben Menschen Getreidearten gezüchtet, die uns die wichtigsten Lebensmittel überhaupt liefern. Die Vorfahren von Weizen, Roggen, Gerste, Hafer, Hirse, Reis und Mais, aber auch von Zuckerrohr waren einst wilde Gräser in den unermesslich weiten Steppen und Savannen der vorgeschichtlichen Zeit. Reis ist die Hauptnahrung von mehr als der Hälfte der Weltbevölkerung. Er kann als einziges Getreide in Feldern angebaut werden, die mit Wasser überflutet werden. Damit hält man Unkraut zurück.

Wem gehören die Pole?

Die Arktis, also das Gebiet um den Nordpol, ist eigentlich kein Land, sondern Meer, das von einer kilometerdicken Eisschicht bedeckt ist. Dieses Meer gehört zu den anliegenden Staaten, nämlich Kanada, USA (Alaska), Dänemark (Grönland) und Russland.

Die Antarktis hingegen – der Kontinent, auf dem der Südpol liegt – hat Land unter dem oft über einen Kilometer dicken Eis. Die Antarktis ist daher ein echter Kontinent. In ihr werden reiche Bodenschätze vermutet. Deshalb kämpfen viele Länder darum, dass ihnen ein Stück der Antarktis zugesprochen wird – wo sie dann tun und lassen könnten, was sie wollten. Naturschutzorganisationen treten jedoch dafür ein, die Antarktis zum „Weltpark" (einem riesigen Naturpark) zu erklären. Nur so könnte jede Ausbeutung und Zerstörung dieser noch unberührten Gebiete verhindert werden, meinen die Naturschützer.

Welche Pflanzen wachsen an den Polen?

Nur ganz spezielle Pflanzen wie einige Flechtenarten vertragen arktische Verhältnisse. Diese Flechten werden tausende von Jahren alt; in hundert Jahren wachsen sie oft nur einen Zentimeter.

Menschen

Wer waren die Neandertaler?

Die Neandertaler waren Vertreter des Homo sapiens; man hat Überreste, Grabbeigaben und Werkzeuge im Neandertal in Deutschland gefunden – daher der Name. Die Neandertaler zählen jedoch nicht zu unseren direkten Vorfahren, sondern entstammen einer Seitenlinie, die vor etwa 60 000 Jahren ausgestorben ist. Vielleicht wurden sie von den Cromagnonmenschen ausgerottet, die wir zu unseren direkten Vorfahren zählen dürfen.

Seit wann gibt es Menschen?

Die ersten menschenähnlichen Lebewesen haben wohl vor drei bis fünf Millionen Jahren gelebt. Unser damaliger Urahne, der so genannte „Australopithecus", konnte schon aufrecht gehen. Dadurch hatte er die Hände für Werkzeug und Waffen frei. Archäologische Überreste – Funde von Knochen und Werkzeug – lassen darauf schließen, dass auch sein Verhalten den „Mitmenschen" gegenüber bereits menschenähnlich gewesen sein muss.

Was ist der Homo sapiens?

Homo sapiens ist lateinisch und bedeutet: vernünftiger Mensch. Diese Bezeichnung haben die Wissenschaftler für den „modernen“ Menschen reserviert, der sich bereits Werkzeuge wie Ahle oder Schaber zurechtmachen konnte und seine Toten in Gräbern bestattete. Wir werden von Wissenschaftlern übrigens als „Homo sapiens sapiens“ bezeichnet: als vernünftige vernünftige Menschen.

Stammen wir also wirklich von Affen ab?

Die Menschenaffen sind nicht unsere Vorfahren. Schimpansen, Gorillas und Orang-Utans sind gewissermaßen unsere Vettern und Nichten; denn wir haben mit ihnen die Stammeltern gemeinsam.

Wo lebten die ersten Menschen?

Wenn wir den Australopithecus als den ersten Menschen betrachten, so kann man sagen, dass die Wiege der Menschheit in Afrika stand. Überreste von den ersten

„echten“ Menschen (die Wissenschaftler nennen einen solchen Menschen „Homo habilis“) hat man in Asien und Europa gefunden.

Mit welchen Tieren mussten die Urmenschen kämpfen?

Als die ersten Menschen auftraten, waren Saurier und ähnliche „fremdartige“ Tiere bereits seit über sechzig Millionen Jahren ausgestorben. Dennoch mussten sich die Urmenschen noch mit so Schrecken erregenden Tieren wie Säbelzahntiger, Mammut, Wollhaarnashorn und Höhlenbär herumschlagen. Auch sie sind mittlerweile längst ausgestorben.

Waren alle diese Urtiere gefährlich?

Noch bis vor wenigen Millionen Jahren gab es neben den riesigen Geschöpfen – darunter Ratten und Siebenschläfer, die zwanzig Kilogramm wogen – auch Miniaturausgaben der Großtiere. Auf der Insel Malta und in Kalifornien hat man zum Beispiel die Knochen von ausgewachsenen Minimammuts gefunden, die nicht größer wurden als heutige Bernhardiner.

Warum blieben die Menschen nicht in Höhlen?

Vielleicht erkannten die Menschen im Laufe ihrer Wanderungen, dass ein „fester Wohnsitz“, vor allem in einem fruchtbaren Gebiet, nicht zu verachten war. An einem sicheren und bewachten Ort konnte man Vorräte für magere Zeiten anlegen; man konnte sich besser gegen die Witterung schützen, gegen Ungeziefer und wilde Tiere. Schließlich konnte man in Dörfern auch besser zusammenbleiben und sich gegen Angriffe anderer Menschen wirkungsvoller verteidigen.

Die ersten von Menschenhand gebauten Häuser standen manchmal nicht auf fester Erde, sondern auf Pfählen im seichten Wasser von Seen. Sie waren aus Ästen und Laub gebaut. Die ältesten europäischen Pfahldörfer, die wir kennen, sind ungefähr 4000 Jahre alt und stammen aus der Jungsteinzeit.

Warum bauten die Menschen nicht von Anfang an Häuser?

Die vorgeschichtlichen Menschen scheinen Sammler und Wildbeuter gewesen zu sein. Sie streiften herum und lebten von den Pflanzen und Tieren, die sie „im Vorübergehen“ erbeuten konnten. Dann zogen sie in neue Sammel- und Jagdgründe weiter. Deshalb dienten ihnen vor allem natürliche Höhlen und Unterstände als Behausung. Die ältesten Spuren von Hütten aus Zweigen stammen aus der Zeit vor 400 000 Jahren.

Von wem stammen die Höhlenmalereien?

Die Cromagnonmenschen waren offenbar die ersten europäischen Künstler. In Höhlen nahe dem französischen Dorf Cro-Magnon hat man vor hundert Jahren staunenswerte Höhlenbilder gefunden, die aus der Zeit vor 35 000 Jahren stammen. Diese Bilder zeigen meist Menschen auf der Jagd. Höhlenmalereien aus derselben Epoche wurden auch in Afrika und im Nahen Osten gefunden. Aus den Skelettfunden ist zu schließen, dass die Cromagnonmenschen wie wir aussahen.

Woraus besteht der menschliche Körper?

Wir Menschen sind aus winzigen Einheiten aufgebaut, die man „Zellen" nennt. Milliarden von lebendigen Zellen bilden unseren Körper. Die meisten von ihnen sind so klein, dass man sie mit bloßem Auge nicht sehen kann.

So verschieden Pflanzen und Tiere und Menschen auch sein mögen: Alles Lebendige hat sich aus lebendigen Zellen gebildet.

Sehen alle Zellen gleich aus?

Alles, was lebt, beruht auf dem Zusammenspiel unzähliger Zellen, die sehr verschiedene Funktionen erfüllen. Zellen bilden die Wurzeln von Bäumen und die Nerven von Menschen, sie bauen den Darm auf oder Knochen oder Blätter oder Regenwürmer oder die Wimpern am menschlichen Auge. Deshalb unterscheiden sich die Zellen voneinander. Wie groß sie sind, wie sie gestaltet sind und was sie leisten, das hängt von ihrer Aufgabe ab. Viele von ihnen sind groß genug, um mit einem einfachen Mikroskop deutlich gesehen zu werden; andere Körperzellen sind winzig klein: Eine Viertelmillion von ihnen würde auf diesen i-Punkt passen. Andere Zellen werden ziemlich groß: die Wurzelhaare von Pflanzen zum Beispiel oder Meerestang.

Zellen bilden alle möglichen Formen. Sie können rund wie Bällchen sein, ziegelförmig oder zylindrisch. Manche Zellen sind spiralförmig, andere platt. Und wieder andere haben die Form eines Baumes. Es gibt sie wohl in jeder Gestalt, die man sich vorstellen kann.

Woraus besteht eine Zelle?

Alle menschlichen Zellen sind nach einem ähnlichen Bauplan aufgebaut: Außen schützt eine Membran die Zelle. Die Zellmembran ist eine Hülle, die außerordentliche Fähigkeiten hat. Sie kann Nahrung und Sauerstoff aufnehmen, und sie kann den „Abfall“ ausscheiden, der bei ihrer Arbeit ständig erzeugt wird.

Die Masse im Inneren der Zelle heißt „Zellplasma“ oder „Zytoplasma“. Das Zellplasma verrichtet die eigentliche Arbeit der Zellen. Es verteilt die Nährstoffe und entsorgt die Abfallstoffe. Kleine Bläschen, die im Zellplasma schwimmen (Mitochondrien und Lysosomen), funktionieren wie winzige chemische Fabriken. Sie stellen Stoffe her, die für den Körper wichtig sind.

Wenn man eine Zelle durch das Mikroskop betrachtet, so erkennt man im Zytoplasma einen dunklen Fleck. Das ist der Zellkern. Diese kleine Kugel ist die Steuerzentrale der Zelle. Der Zellkern regelt die verschiedenen Tätigkeiten der Zelle und die Vermehrung. Im Zellkern (in den Chromosomen) sind außerdem die Erbeigenschaften aufgezeichnet.

Was kann eine Zelle allein tun?

Es gibt primitive Lebewesen – zum Beispiel unter den Algen –, die überhaupt aus nur einer einzigen Zelle bestehen. Menschliche Körperzellen hingegen können ihre Aufgaben nur in Gemeinschaft mit anderen Zellen erfüllen. Zellen müssen sich daher mit anderen Zellen zusammenschließen. Eine Gruppe von gleichartigen Zellen, die alle an der gleichen Aufgabe arbeiten, nennt man „Gewebe“.

Woher kommen die menschlichen Zellen?

So sehr sich die menschlichen Zellen im Aussehen und in ihrer Arbeit auch unterscheiden, sie alle stammen von einer einzigen Zelle ab: nämlich von der befruchteten Eizelle, die entsteht, wenn bestimmte männliche und weibliche Zellen miteinander verschmelzen.

Welche Arten von Gewebe gibt es?

Es gibt so viele Gewebe, wie der Körper Aufgaben zu erfüllen hat. Hauptsächliche Gewebearten sind zum Beispiel das Nervengewebe (in dem chemische und elektrische Reize im Körper weitergeleitet und verarbeitet werden) oder das Muskelgewebe, das Bindegewebe und das Epithelgewebe. Diese Gewebeart schließt den menschlichen Körper nach außen ab und bildet die äußere Hautschicht. Aber auch die verschiedenen Einstülpungen im Körper, die Körperhöhlungen, sind mit Epithelgewebe ausgekleidet. Beispiele: Magen und Speiseröhre.

Was ist ein Organ?

Um eine bestimmte Aufgabe erfüllen zu können, sind bestimmte Gewebearten zu einem Verbund zusammengeschlossen: Sie bilden ein Organ. Damit so ein Organ funktioniert, müssen alle Teilnehmer zusammenwirken. Unser Sehorgan zum Beispiel, das Auge, besteht aus einer ganzen Reihe von Bestandteilen (unter anderem sind da die farbige Iris, die Pupille, die Linse, die Netzhaut, der Sehnerv); und jeder Bestandteil besteht aus bestimmten Gewebearten und erfüllt eine besondere Aufgabe. Wir können nur dann sehen, wenn alle Teile unseres Auges zufriedenstellend funktionieren. Andere Organe sind die Sinnesorgane, Verdauungsorgane, Herz, Lunge und so weiter.

Woraus besteht das Verdauungssystem?

Von einem „körperlichen System“ spricht man dann, wenn mehrere Organe zusammenarbeiten, um eine Aufgabe in mehreren Stufen oder Schritten zu erfüllen. So besteht unser Verdauungssystem aus all den Organen, die dabei mitwirken, Speisen zu verdauen und die Nahrungsenergie zu verwerten. Dazu gehören auch die Zähne, mit denen wir die Nahrung zerkleinern. Im Mund speicheln wir die Nahrung ein; sie wird mithilfe des Speichels (aus den Speicheldrüsen) vorverdaut. Zum Verdauungssystem gehören weiter die Speiseröhre, der Magen, die Eingeweide und eine Reihe von Drüsen.

Ist unser Körper eine komplizierte Maschine?

Viele Menschen lehnen es ab, den menschlichen Körper mit einer Maschine zu vergleichen. In gewisser Weise haben sie Recht damit: Maschinen, wie wir sie kennen – auch die allermodernsten computergesteuerten Maschinen – sind im Vergleich zu unserem Körper unglaublich primitiv. Und es gibt guten Grund zu der Annahme, dass es Menschen nie gelingen wird, so etwas höchst Kompliziertes wie ein Lebewesen nachzubauen – schon gar nicht einen Menschen. Auf der anderen Seite jedoch funktioniert der Körper nach denselben Grundsätzen, nach denen auch Maschinen funktionieren. Menschen wie Maschinen brauchen zum Beispiel Energie, um funktionieren zu können; und diese Energie muss von außen zugeführt werden – beim Menschen in Form von Nahrung. Und für menschliche Körper wie für Maschinen gelten die Naturgesetze.

Wie die Prozesse im menschlichen Körper aber genau ablaufen, davon haben wir nur eine schwache Ahnung. Je tiefer man in die Natur eindringt, desto geheimnisvoller werden die Zusammenhänge. Wenn man also den menschlichen Körper mit einer Maschine vergleichen will, dann sollte man dazu sagen, dass es sich um eine unendlich staunenswerte, für uns Menschen letztlich unbegreifliche Maschine handelt.

Warum kann man die Haut auch als Sinnesorgan bezeichnen?

Die Sinne geben uns Bescheid, was in unserer Umgebung vorgeht. Das Auge hilft uns bei der Wahrnehmung von Gegenständen; es reagiert auf das Licht, das von Gegenständen ausgestrahlt oder zurückgeworfen wird. Das Ohr nimmt Schallwellen wahr. Diese Sinne nennt man Fernsinne, weil kein direkter Kontakt besteht zwischen dem Sinnesorgan und den Gegenständen oder Schallquellen. Die Haut hingegen ist Träger für eine ganze Reihe von empfindlichen Nahsinnen.

Der Schmerzsinn, der uns sagt, wo etwas wehtut, hat seine Empfänger über die ganze Haut verteilt. Überall auf der Haut liegen die Enden von Nerven, die Schmerzen wahrnehmen und die Botschaft weiterleiten.

Auch der Tastsinn hat seine Aufnahmepunkte auf der Haut. Er sagt uns, wann wir etwas berühren und wie dieser Gegenstand beschaffen ist. Außerdem liegen die Sinne für Wärme und Kälte auf der Haut. Die Aufnahmepunkte sind nicht gleich verteilt. Dort, wo die Nervenenden dicht gepackt sind, sind wir am empfindlichsten – zum Beispiel an den Fingerspitzen oder auf der Zunge.

Wie viele Schichten hat unsere Haut?

Die Haut ist an verschiedenen Stellen verschieden dick: Am stärksten ist sie an den Fußballen und Handflächen. Hier muss sie den meisten Druck und die meiste Reibung aushalten. Im Bereich der Augen, zum Beispiel über den Augenlidern, ist sie hingegen sehr dünn und empfindlich.

Immer aber besteht die Haut aus zwei Schichten. Die Oberhaut (Epidermis), die selbst wieder aus mehreren Schichten besteht, enthält keine Blutgefäße. Sie wächst von innen nach außen und erneuert sich immer wieder. Die alte Haut bildet die Wasser abweisende Oberfläche.

Darunter liegt die viel dickere Lederhaut. Sie wird nicht abgestoßen und besteht aus lebenden Zellen. In der Lederhaut liegen die vielen kleinen Blutgefäße und die Nervenenden. In der Lederhaut liegen auch die Haarwurzeln und die Schweißdrüsen.

Welche Aufgaben erfüllt die Haut?

Natürlich hüllt uns die Haut zunächst einmal ein, und zwar wasserdicht. Soweit sie nicht verletzt ist, hält sie auch Schmutz und Krankheitskeime vom Eindringen in den Körper ab. (Offene Wunden sind Eintrittspforten für Keime.)

Die Haut ist wasserdicht von außen nach innen aber nicht umgekehrt. Die Schweißdrüsen in der Haut sorgen dafür, dass Flüssigkeit – Schweiß – austreten kann. Wenn es heiß ist, schwitzen wir. Die Haut wird außen feucht, und die Feuchtigkeit verdunstet. Beim Verdunsten wird der Umgebung Wärme entzogen, wir kühlen deshalb beim Schwitzen ab. Außerdem sondern wir mit dem Schweiß zugleich giftige oder zumindest unerwünschte Abfallstoffe ab. Die Haut wirkt aber auch als Thermostat. Sie dient dazu, die Körpertemperatur in der richtigen Höhe zu halten. Das funktioniert so: Die Haut ist temperaturempfindlich. Wenn es kalt wird, ziehen sich die Blutgefäße in der Haut zusammen (Gänsehaut). Dadurch kommt weniger Blut mit der kalten Hautoberfläche in Berührung; das Blut bleibt wärmer. Das warme Blut fließt durch alle Körperteile und wärmt sie auf. Wenn es draußen hingegen warm wird, dehnen sich die Blutgefäße aus, und der Körper gibt mehr Wärme an die Umgebung ab.

Wozu brauchen wir ein Skelett?

Das Gerüst des Menschen ist sein Skelett. Es hält ihn aufrecht und gibt ihm eine feste Gestalt – ohne Knochen würden wir in uns zusammensinken wie eine Qualle an Land. Als Innenpanzer schützt das Skelett aber auch gewisse empfindliche Körperteile.

Warum können Insekten nicht so groß werden wie Menschen?

Insekten werden durch eine starre äußere Hülle zusammengehalten. Das hat manche Vorteile, und Insekten sind auch, vom Artenreichtum her gesehen, die erfolgreichsten Tiere: Neun von zehn Tierarten auf unserer Erde gehören zu den Insekten.

Äußere Panzer haben jedoch den großen Nachteil, dass ihre „Einwohner“ ab einer gewissen Größe unbeweglich werden und ihr Gewicht nicht mehr gut tragen können. Anders bei Wirbeltieren, zu denen der Mensch gehört. Hier werden die Lebewesen von innen zusammengehalten, und zwar durch ein Knochengerüst, das Skelett. Dieses Skelett kann mitwachsen, und es kann viel mehr Körpermasse in Form und Bewegung halten. Mit dem Skelett sind die Muskeln und Sehnen verbunden.

Welche Körperteile werden vom Skelett geschützt?

Im Brustkorb liegen Herz und Lunge. Er heißt „Korb“, weil die Rippen wie ein Korb angeordnet sind. Der Schädel (das ist der knöcherne Teil des Kopfes) schützt das weiche Gehirn. Auch die Augen und die Gehörorgane sind in Knochenhöhlen eingebettet. Und schließlich liegt das empfindliche Rückenmark in der knöchernen Röhre der Wirbelsäule.

Wie viele Knochen hat der Schädel?

Der Schädel besteht aus 24 Knochen; zehn davon bilden die Hirnschale, die das Gehirn umschließt. Diese Knochen sind beim Erwachsenen durch die Hirnnähte fest miteinander verbunden.

Sind Knochen eigentlich lebendig?

Knochen bestehen aus lebendigem Gewebe. Sie verändern sich, sie wachsen, und sie bilden sich ständig neu. Vor allem aber produzieren manche Knochen im Knochenmark die roten Blutkörperchen. Knochen speichern außerdem die chemischen Substanzen Kalzium und Phospor, die für uns lebenswichtig sind.

Wie viele Knochen hat eine Hand?

Die Handwurzel besteht aus acht Knochen, der Handteller aus fünf, die Finger bestehen aus 14 Knochen. Ein Fuß hat einen Knochen weniger: Die Fußwurzel – der Spann – hat nur sieben Knochen.

Was sind Wirbel?

Die Wirbel sind hohle Knochenzylinder, die miteinander beweglich verbunden sind. Unsere 26 Wirbel bilden die Wirbelsäule.

Weshalb haben Babys mehr Knochen als Erwachsene?

Neugeborene haben manchmal mehr als 300 Knochen im Körper; wenn man erwachsen ist, hat man nur noch 210. Der Grund ist einfach: Der Säugling wächst, und dabei wachsen viele seiner Knochen zusammen. Bei manchen Erwachsenen kommt es vor, dass bei ihnen weniger oder mehr Knochen zusammengewachsen sind als normal; sie haben dann eben ein paar Knochen weniger oder mehr, als von der Natur vorgesehen.

Sind alle Knochen unseres Körpers miteinander verbunden?

Alle Knochen unseres Körpers, bis auf einen, sind miteinander verbunden. Das hufeisenförmige Zungenbein, das in der Kehle liegt, berührt keinen einzigen anderen Knochen.

Wieso können wir trotz des knöchernen Brustkorbs atmen?

Beim Atmen dehnt sich die Lunge aus und sinkt wieder zusammen. Auch der Brustkorb muss sich daher heben und senken können. Deshalb sind die Rippen hinten nicht starr mit der Wirbelsäule verbunden, sondern durch kleine Gelenke. Insgesamt wird der Brustkorb durch 24 Rippen und das Brustbein gebildet. Am Brustbein sind zehn der zwölf Rippenpaare starr befestigt. Das elfte und zwölfte Rippenpaar sind wesentlich kürzer und schweben vorne frei.

Was hält Knochen und Gelenke zusammen?

Gelenkbänder sind bewegliche Streifen aus einem äußerst zähen Gewebe; sie halten die Knochen an den Gelenken zusammen. Damit es in den Gelenken nicht reibt und knirscht, geben bestimmte Zellen im Gelenkbereich eine dicke Flüssigkeit ab, die wie ein Schmiermittel wirkt. So können die Gelenke leicht bewegt werden.

Wie sind die Knochen miteinander verbunden?

Knochen sind entweder durch Gelenke beweglich miteinander verbunden oder aber, wie die Schädelknochen, an den Knochennähten untrennbar zusammengewachsen. Bei den beweglichen Verbindungen, den Gelenken also, sorgt ein sehr zähes und gleichzeitig elastisches Gewebe dafür, dass Stöße auf einen Knochen gedämpft werden und nicht gleich das ganze Skelett erschüttern. Dieses Gewebe nennt man „Knorpel". Knorpel sind eigentlich weiche Knochen.

Knorpelgewebe umhüllt nicht nur Gelenke, sondern bildet auch eigenständige Ringe. Die Knorpelringe in der Wirbelsäule, die so genannten „Bandscheiben", liegen zwischen den einzelnen Wirbeln. Wie Puffer aus Hartgummi fangen sie Stöße auf und sorgen mit dafür, dass wir keine Gehirnerschütterung bekommen, wenn wir auf einen harten Untergrund springen.

Was bewegt die Knochen?

Mehr als 600 Muskeln sitzen im menschlichen Körper und sorgen dafür, dass wir unsere Knochen bewegen können. Diese Muskeln arbeiten wie straffe Bündel von Gummibändern, und tatsächlich bestehen sie auch aus lauter Muskelfasern. Diese Fasern ziehen sich zusammen, wenn wir den Muskel anspannen. Da sie über Sehnen mit dem Knochen verbunden sind, setzen sie den Knochen und damit den entsprechenden Körperteil in Bewegung. Bei einem schlanken Erwachsenen macht Muskelfleisch ungefähr die Hälfte des Körpergewichts aus.

Woher wissen Muskeln, wann sie arbeiten müssen?

Die Befehle an die Muskeln kommen vom Gehirn und werden über die Nervenbahnen an die Muskeln weitergeleitet. Normalerweise arbeiten die Muskeln, wenn wir es wollen und sie willentlich bewegen. Es kommt aber auch vor, dass Muskeln selbstständig tätig werden, bei

Schreckbewegungen etwa, wenn wir die Arme schützend hochwerfen, oder bei Reflexen: Wenn uns etwas ins Auge zu fliegen droht, schließen wir die Augen. Wenn wir unachtsam sind und auf die heiße Herdplatte greifen, zucken wir zurück. In solchen Fällen müssen Reaktionen schnell kommen. Deshalb wird das Hirn gar nicht eingeschaltet, und wir bewegen Muskeln, ohne es direkt gewollt zu haben.

In welche Richtungen lassen sich die Knochen bewegen?

Es gibt Kugelgelenke wie das Schultergelenk, in denen sich der Knochen in alle Richtungen drehen lässt. Im Sattelgelenk (in dem unsere Hand sitzt) kann der Knochen fast rundherum gedreht werden, nach oben und unten allerdings weiter als nach links und rechts. Zwischen den Fingerknochen zum Beispiel sitzen Scharniergelenke. Wir können sie nur auf und ab bewegen. Den Kopf können wir mittels eines Drehgelenks drehen. Schließlich haben wir im Unterkiefer noch ein ganz besonderes Gelenk sitzen: ein Schiebegelenk.

Gibt es Muskeln, die selbstständig arbeiten?

Manche Muskeln funktionieren, ohne dass wir sie „abstellen“ können. Die Muskeln unseres Verdauungssystems zum Beispiel arbeiten selbstständig, ob wir dies wollen oder nicht. Diese Muskeln nennt man „glatte Muskeln“. Sie umschließen die Blutgefäße und die Organe des Verdauungssystems. Aber auch die kleinen Muskeln, die zum Beispiel die Haut zur Gänsehaut zusammenziehen, arbeiten, ohne auf unsere Anweisungen zu warten.

Durch bestimmte Übungen wie etwa Joga kann man allerdings lernen, auch glatte Muskeln zu beherrschen. Geübte Jogis können ihren Herzschlag willentlich regulieren. Normalerweise richtet sich die Schnelligkeit des Herzschlags nicht nach unserem Willen, sondern automatisch danach, wie schnell das Blut durch den Körper gepumpt werden soll, um Muskeln und Zellen zu versorgen.

Wie arbeiten die Muskeln?

Fast an jeder Bewegung, die wir machen, sind mehrere unserer insgesamt 600 Muskeln beteiligt. Sie wirken als eine Muskelgruppe zusammen. Beim Heben des Unterarms beispielsweise verkürzt sich der Bizeps, ein Beugemuskel. Der Muskel zieht den Unterarm an den Oberarm heran. Gleichzeitig streckt sich der Trizeps, ein Streckmuskel, der es möglich macht, den Arm nachher wieder auszustrecken. Viele Muskeln, Knochen und Gelenke arbeiten wie Hebel. So können wir unsere Gliedmaßen weiträumig bewegen, obwohl sich die Muskeln nur ein kurzes Stück zusammenziehen.

Warum können wir uns bewegen, ohne darüber nachzudenken?

Für uns furchtbar einfach: sich bücken und ein Buch aus einem Stoß herausnehmen. Aber wie unglaublich kompliziert, wenn man es recht bedenkt.

Wir müssen den Körper, Kopf und Augen bewegen, um zu sehen, wo das Buch liegt. Wir müssen hingehen, ohne hinzufallen, wobei wir unser Gleichgewicht alle Sekundenbruchteile verlagern, neu berechnen und neu herstellen. Wir müssen uns bücken, ohne umzufallen. Wir müssen Entfernungen zum Buch abschätzen und aus jeder neuen Perspektive neu berechnen. Wir müssen ständig dutzende Muskeln gleichzeitig bewegen und steuern. Wir müssen das Buch mit dem richtigen Druck der Finger fassen (und loslassen, wenn wir die Seite eines anderen Buches dabei mitnehmen), uns mit einem neuen Gewicht aufrichten und so weiter und so fort. Wir tun das in Sekundenschnelle, ohne auch nur einen Gedanken daran zu verschwenden, wie kompliziert das alles doch ist ... Wir können das tun, weil wir ein Nervensystem haben, das alle unsere Bewegungen und die Veränderungen um uns herum kennt und berechnet und neue Befehle gibt. Nur einen Teil von alledem nehmen wir überhaupt wahr.

Bewegen sich Muskeln, auch wenn man ruhig steht?

Selbst wenn wir ruhig stehen, arbeiten dutzende von Muskeln, um uns im Gleichgewicht zu halten. Unsere Körperstellung wird nämlich in jedem Moment von vielen Sensoren (Fühlern) registriert – zum Beispiel vom Gleichgewichtssinn im Ohr oder von den druckempfindlichen Nerven in der Fußsohle, die uns sagen, wie wir stehen. Ohne dass wir es wissen, regulieren die

Muskeln ständig unsere Stellung. Und wir haben das Gefühl, wir stehen aufrecht und fest. (Wären wir wirklich starr, würden wir beim kleinsten Windhauch krachend umfallen. Aber wir sind niemals starr, und unser Nerven- und Muskelsystem gleicht automatisch die äußeren Einflüsse aus.)

Woher nehmen die Muskeln ihre Kraft?

Alle Kraft auf der Welt muss von irgendwo herkommen. Auch die Muskelkraft. Der Muskel bekommt seine Energie vom Blut, das Sauerstoff und Nährstoffe heranschafft. Dabei verbindet sich der Sauerstoff mit bestimmten chemischen Stoffen in den Zellen. Nur so kann die Zelle die Energie der Nährstoffe ausnutzen. Bei der Arbeit verbraucht der Muskel Energie und wandelt sie dabei teilweise in Körperwärme um. (Deshalb frieren wir beim Laufen weniger als beim Sitzen.)

Was ist das Nervensystem?

Nerven und Hirn zusammen sind das Nervensystem. Es besteht aus zwei Teilen: dem Zentralnervensystem (mit Hirn und Rückenmark) und dem so genannten „peripheren Nervensystem“. Das sind jene Nervenbahnen, die von Hirn und Rückenmark aus in alle Teile des Körpers führen. Das Nervensystem ist ein äußerst kompliziertes Netz von Leitungsbahnen, in dem ständig Meldungen und Befehle hin- und herlaufen. Meldungen gehen im Hirn ein und veranlassen es, Befehle an Muskeln und Drüsen auszugeben. Das alles funktioniert in einer solchen Fülle und Schnelligkeit, dass wir bloß ganz wenig davon wirklich wahrnehmen. Wir erfahren nicht, wie wir etwas tun, sondern nur, was wir tun.

Wie viele Nervenzellen hat der Mensch?

Etwa zehn Milliarden Nervenzellen bilden das Netzwerk des menschlichen Nervensystems. Vier Fünftel von ihnen liegen im Hirn. Nervenzellen sehen meistens wie kleine Bäumchen aus. Sie sind miteinander in einem unfassbar komplizierten Gewirr verflochten. Allerdings berühren sie einander nicht. Zwischen den Nervenzellen liegt immer ein winziger Spalt, der von elektrischen und chemischen Impulsen überwunden wird. Der Nervenimpuls kann so von einer einzigen Nervenzelle auf 200 000 Nachbarzellen überspringen!

Was sind Nervenimpulse? 

Botschaften im Nervensystem werden durch winzige elektrische Ströme oder durch chemische Veränderungen ausgetauscht. Wir nehmen die Tätigkeit der Nerven nicht direkt wahr. Wir spüren keinen dieser Nervenimpulse. Aber wir sehen Farben, spüren Wärme, schmecken einen sauren Geschmack. Wir fühlen uns wohl oder fühlen uns elend. Wir springen die Treppe hinunter, und wenn wir hinfallen, dann tut es uns weh. Um die Welt so erfahren zu können, wie wir sie als Mensch erfahren, hat unser Nervensystem die elektrischen und chemischen Impulse in Bilder, Gerüche, Gefühle und Empfindungen übersetzt.

Woraus besteht das Hirn?

Das Hirn ist der zentrale Teil des Nervensystems. Es ist beim Erwachsenen etwas über ein Kilogramm schwer und sieht aus wie eine riesige graue Nuss. Das Hirn schwimmt im Kopf in einer Flüssigkeit. Man unterscheidet Großhirn und Kleinhirn. Das Großhirn ist für das Denken zuständig. Das Kleinhirn hingegen regelt die körperlichen Aktivitäten, die ohne unser Zutun ablaufen.

Eine Art Verlängerung des Hirns bildet das Rückenmark, das im Rückgrat liegt. Vom Rückenmark aus, und zwar durch Öffnungen zwischen den Wirbeln, verzweigen sich Nervenstränge über den ganzen Körper.

Welcher Sinn ist der wichtigste?

Die meisten von uns würden wohl sagen, der Gesichtssinn sei der wichtigste. Aber die Sache ist nicht so einfach. Was Menschen zu Menschen macht, ist die Sprache und damit der Umgang mit anderen Menschen. Und der Sinn, der uns am meisten Kontakt zu den Mitmenschen schafft, ist der Gehörsinn.

Früher, als es noch keine Förderung und keine Hilfsmittel für Gehörlose gab, wuchsen taube Kinder ohne die Möglichkeit auf, sich mit anderen Menschen zu unterhalten. Sie blieben stumm, weil sie nicht sprechen lernen konnten. Und ohne Sprache konnten sie ihre geistigen Fähigkeiten kaum entwickeln. Man hielt Gehörlose früher für geistig behindert, also „doof“; und die Wörter „taub“ und „doof“ stammen tatsächlich aus derselben Wurzel.

Heute können Gehörlose zumindest hier bei uns sprechen lernen, ohne selbst zu hören. Und sie können mit Hilfe der Schrift und einer eigenen Gebärdensprache am menschlichen Leben besser teilnehmen. Das sind große Fortschritte.

Wie viele Sinne hat der Mensch?

Früher unterschied man fünf Sinne – daher die Redewendung „Der hat seine fünf Sinne beisammen“. Damit meinte man den Gesichtssinn (Sehsinn), den Gehörsinn, den Tastsinn, den Geruchssinn und den Geschmackssinn. Heute nennt man den Tastsinn „Drucksinn“. Das ist auch logisch, denn eigentlich nehmen wir ja nicht das Tasten wahr, sondern den Druck, der auf unserer tastenden Hand liegt.

Darüber hinaus gibt es aber noch folgende vier Sinne: den Schmerzsinn, den Kälte- und Wärmesinn, den Gleichgewichtssinn, der uns sagt, ob wir stehen oder liegen und wo oben und unten ist, sowie den Muskelsinn. Der Muskelsinn zeigt an, ob wir einen Muskel angespannt oder entspannt haben.

Wie kommen Töne in unser Hirn?

Unser Gehörorgan ist ein empfindliches Instrument und liegt daher sehr geschützt im Schädel. Es reagiert auf Veränderungen des Luftdrucks: Diese Veränderungen nennt man „Schall“. Schall breitet sich wellenförmig aus. Die Schallwellen werden von der Ohrmuschel aufgefangen. Sie treffen auf das Trommelfell im Ohr und bringen dieses gespannte Häutchen zum Schwingen. Ein System von winzigen Knochen (Hammer, Amboss und Steigbügel) nimmt die Schwingungen auf und leitet sie tiefer in den Kopf weiter. Im Innenohr haben wir ein System von Röhren, die mit Flüssigkeit gefüllt sind. Ein Teil dieses Labyrinths heißt „Schnecke“. Die Schallwellen lassen nun diese Flüssigkeit in der Schnecke erzittern, und die Gehörnerven leiten die Art und die Stärke des Zitterns an das Gehirn weiter.

Und wunderbarerweise hören wir das alles schließlich als Musik, als Geräusch, als Wort!

Kann das Auge etwas sehen?

Das Auge sieht genauso wenig wie eine Kamera. Es ist in Wirklichkeit das Hirn, das sieht – mit Hilfe des Auges. Beide müssen als „Hirnauge“ zusammenwirken. Die Sinnesorgane sind ohne das Hirn blind, taub und gefühllos.

Bei dieser Zusammenarbeit spielt das menschliche Auge folgende Rolle: Das Licht strahlt durch die Pupille in den Augapfel. Die Pupille ist eine Öffnung, die sich ausdehnen und zusammenziehen kann, je nach der Stärke des Lichts. Bei Helligkeit wird sie klein, bei Dunkelheit groß – um im Finstern eine möglichst große Lichtmenge einsammeln zu können.

In der Linse werden die Lichtstrahlen gebündelt, und die gebündelten Strahlen treffen an der Rückseite des Augapfels auf die lichtempfindlichen Zellen der Netzhaut. Diese Zellen heißen „Rezeptoren“. Sie bestehen aus Stäbchen und Zapfen. Wenn Licht auftrifft, senden sie über den Sehnerv elektrische Impulse an das Hirn. Das Hirn wiederum „übersetzt“ diese Nervenimpulse in Bilder. Letztlich entsteht also diese ganze bunte Welt durch die Art, wie unser Hirn funktioniert.

Woher wissen wir bei geschlossenen Augen, wo oben und unten ist?

Das Ohr birgt auch den Gleichgewichtssinn in sich. Dieser Sinn registriert in jedem Moment unsere körperliche Lage und hilft uns, das Gleichgewicht zu halten. Wie furchtbar es ist, wenn der Gleichgewichtssinn gestört ist, weiß jeder, der zu lange geschaukelt hat (zum Beispiel mit dem Schiff auf stürmischer See) oder mit dem Karussell gefahren ist! Die Welt beginnt zu schwanken und sich zu drehen, und wir können beim besten Willen nichts dagegen unternehmen – außer uns still hinlegen und warten, bis sich alles wieder eingependelt hat.

Dieser Gleichgewichtssinn sagt uns, aus welcher Richtung die Schwerkraft (die Erdanziehungskraft) wirkt. Normalerweise zieht uns die Schwerkraft senkrecht nach unten – so wie Dinge eben nach unten fallen. Auf einem schaukelnden Schiff oder auf dem Karussell kommt das alles durcheinander. Die sonst so stabile Richtung nach unten ändert sich dauernd. Eine Zeit lang können wir das gut ertragen, denn der Gesichtssinn hilft uns bei der Berechnung, wo wir uns gerade befinden. Doch die Empfindlicheren unter uns sind schon bald „seekrank“.

Der Gleichgewichtssinn sitzt im oberen Teil des Labyrinths im Innenohr, und zwar in den drei so genannten „Bogengängen“, die ebenfalls mit Flüssigkeit gefüllt sind.

Weshalb können wir bei Schnupfen nichts riechen?

Wenn wir einen Schnupfen haben, dann legt sich eine Schleimschicht über die Geruchszellen im oberen Teil der Nasenhöhle. Die Geruchszellen sind dann isoliert. Bei freier Nase hingegen streicht die Luft mit den Duftstoffen direkt an der Schleimhaut in der Nasenhöhle vorbei. Die Riechschleimhaut ist mit überaus feinen Härchen besetzt. Die Moleküle der gasförmigen Duftstoffe reizen die Nervenenden, die wiederum diese Reizung an das Hirn weitergeben. Und wie beim Hören und Sehen nehmen wir schließlich keine Nervenimpulse, sondern eben Gerüche wahr.

Wie viele Riechzellen hat der Mensch?

Wir Menschen haben ungefähr anderthalb Millionen Riechzellen. Mit ihnen können wir Gerüche selbst dann noch wahrnehmen, wenn sie äußerst verdünnt sind. Ein Teil Duftstoff muss auf dreißig Milliarden Teile Luft kommen, damit wir noch etwas riechen können.

Wie viel besser als Menschen können Schäferhunde riechen?

So fein die menschliche Nase ist, verglichen mit Schäferhunden sind wir praktisch „geruchsblind". Der Schäferhund hat nämlich nicht anderthalb Millionen, sondern 225 Millionen Riechzellen. Man könnte also sagen, dass die Nase von Schäferhunden 150-mal so fein ist wie eine Menschennase.

Wo schmecken wir Süßes und wo Bitteres?

Unsere Mundhöhle ist übersät mit kleinen Wärzchen. Besonders dicht liegen sie auf der Zunge, wo man sie auch sehen kann. In den Tälern zwischen diesen winzigen Hügeln liegen die so genannten „Geschmacksknospen“. Das sind Sinneszellen, deren Nervenenden so frei liegen, dass sie der Speichel erreichen kann. Wir schmecken immer nur unseren eigenen Speichel – der den Geschmack von dem angenommen hat, was wir gerade im Mund haben. Bestimmte Arten von Geschmacksknospen sind für bestimmte Geschmacksarten zuständig. Die Zungenspitze ist eher für Süßes zuständig, bitteren Geschmack spüren wir auf dem hinteren Teil der Zunge. Saures und Salziges nehmen wir durch die Geschmacksknospen auf beiden Seiten der Zunge wahr.

Wer hat den feineren Geschmackssinn – Mensch oder Kuh?

Da wir uns nicht versuchsweise in eine Kuh verwandeln können, sind wir nicht in der Lage zu sagen, ob sie oder ob wir den feineren Geschmack haben, ob die Kuh oder ob wir feinere Geschmacksunterschiede empfinden. Wenn man aber die Zahl der Geschmacksknospen betrachtet, so möchte man eine Kuh als echten Feinschmecker bezeichnen: Sie hat 35 000 Geschmacksknospen – wir Menschen haben nur 5 000! Fast überhaupt keinen Geschmackssinn hat übrigens der Wal. Er braucht ihn auch nicht, denn alles, was ihm im Wasser entgegenschwimmt, ist auch genießbar.

Wie viele schmerzempfindliche Punkte haben wir?

Auf unserer Haut liegen ungefähr drei Millionen Schmerzpunkte. Das sind Nervenenden, die eine bestimmte Art von Reiz aufnehmen und die Meldung als Nervenimpulse an das Hirn weiterleiten. Schmerzpunkte liegen nicht nur an der Hautoberfläche unseres Körpers. Es gibt sie auch auf den Häuten, die unsere inneren Organe umschließen und die unsere Körperhöhlungen auskleiden – Magen, Gedärme, Mundhöhle und so weiter. Im Inneren der Organe haben wir keine Schmerzpunkte. Bei Leber-Operationen zum Beispiel würde der Patient in der Leber selbst keine Schmerzen spüren. Aber natürlich liegt er ohnehin in Narkose, und bei Bewusstlosigkeit verspüren wir keine Schmerzen. Doch auch durch die Reizung bestimmter

Nervenbahnen können Teile des Körpers schmerzunempfindlich gemacht werden: Bei der chinesischen Akupunktur werden Nadeln an bestimmten Körperstellen in die Haut gestochen; die Patienten verspüren dann an anderen Körperregionen überhaupt keinen Schmerz. So können Chirurgen operieren, ohne dass der Patient durch Narkose betäubt werden muss.

Wie kann die Haut zwischen Schmerz, Berührung und Wärme unterscheiden?

Verschiedene Arten von Nervenenden reagieren auf verschiedene Arten von Reizen und melden diesen Reiz weiter. Berührung, leichte Berührung, Druck, Wärme, Kälte, verschiedene Schmerzarten – all das wird von den zuständigen Zellen registriert und als Impuls weitergeleitet. Für jede Art von Reiz sind bestimmte Punkte zuständig.

Wie viel Schlaf braucht der Mensch?

Manche Menschen brauchen täglich zehn Stunden Schlaf, um sich wohl zu fühlen, andere kommen mit viel weniger Schlaf aus. Von Napoleon wird berichtet, er habe niemals länger als vier Stunden geschlafen. Durchschnittlich schlafen Erwachsene acht Stunden täglich, Neugeborene fünfzehn Stunden. Je älter Menschen werden, desto weniger schlafen sie.

Warum müssen wir essen?

Unser Körper verbraucht ständig Energie. Selbst im Schlaf ist er in Bewegung; wir atmen, das Herz schlägt, unzählige chemische Prozesse laufen im Körper ab. Die Energie dafür muss dem Körper zugeführt werden: Wir tun das, indem wir Nahrung aufnehmen und verdauen.

In der Nahrung sind die Stoffe enthalten, die wir brauchen, um diese komplizierte Maschinerie in Gang zu halten: Kohlehydrate, Eiweiß, Fette, Wasser, Salze, Ballaststoffe, Spurenelemente, Vitamine. Das Verdauungssystem holt sich die brauchbaren Stoffe aus dem Nahrungsbrei; den unbrauchbaren Rest scheiden wir gemeinsam mit anderen Abfallstoffen aus.

Welche Stoffe müssen unbedingt in unserer Nahrung sein?

Kohlehydrate, Eiweiß, Fette und dann noch Mineralstoffe, Spurenelemente und Vitamine sollten die Grundbestandteile unserer Nahrung sein.

Wie kommen die Nährstoffe ins Blut?

Die Nährstoffe, die wir mit der Nahrung aufnehmen, müssen in jene Teile des Körpers befördert werden, wo sie gebraucht werden. Diese Aufgabe übernimmt das Blut. Bei der Verdauung werden die in der Nahrung enthaltenen Stoffe also aufgelöst (damit das Blut sie befördern kann) und chemisch verändert. Jetzt können die Stoffe von den Zellen aufgenommen werden.

Woraus bestehen Kohlehydrate?

Kohlehydrate sind aus den Elementen Wasserstoff, Sauerstoff und Kohlenstoff aufgebaut. Die wichtigste Quelle dafür ist Getreide, entweder gebacken als Brot, gekocht als Reis oder Brei oder roh als Getreideflocken im Müsli.

Wozu braucht man Vitamine?

Vitamine sind selbst keine Energielieferanten. Aber sie müssen vorhanden sein, damit der ganze Prozess der Umwandlung von Nahrung in Nährstoffe (Stoffwechsel) und von Nährstoffen in Energie funktionieren kann. Unser Körper braucht Vitamine (ebenso wie Mineralstoffe oder Salze und Spurenelemente) nur in verhältnismäßig kleinen Mengen. Fehlen sie jedoch, dann kann man leicht krank werden.

Was ist ein Vegetarier?

„Vegetarier“ nennt man Menschen, die kein Fleisch essen. Vermeiden sie auch tierische Produkte wie Milch und Eier, heißen sie „Veganer“. Viele Vegetarier tun dies aus gesundheitlichen Gründen, weil eine Ernährung aus pflanzlichen Lebensmitteln gesünder ist als eine Ernährung, die auf Fleisch beruht. Andere Vegetarier wollen den Tieren überflüssige Schmerzen und Quälereien ersparen. Sie sehen nicht ein, warum man Tiere ausbeuten und schlachten soll, wenn man auch mit pflanzlichen Nahrungsmitteln gut zurechtkommen kann.

Wo kommt Eiweiß vor?

Eiweiß (Protein) kommt in tierischen und pflanzlichen Nahrungsmitteln vor. Die wichtigsten Eiweißquellen sind grüne Pflanzen, Samen und Bohnen. Wenn Tiere Pflanzen essen, verwandeln sie das pflanzliche Eiweiß in tierisches Eiweiß, das in Fleisch, Milch und eben auch Eiern (daher der Name) steckt. Um Eiweiß aufzunehmen, können wir Menschen uns den Umweg über tierische Lebensmittel sparen und bei pflanzlichen Speisen bleiben.

Mit welchen Organen scheiden wir Giftstoffe aus?

Beim Stoffwechsel (bei der Veränderung der Nahrungsmittel durch die Verdauung) entstehen auch giftige Abfallstoffe, die unbedingt aus dem Körper entfernt werden müssen. An dieser „Abfallbeseitigung“ sind vier Organe beteiligt: Lunge, Haut, Leber und Niere. Die Lunge befördert mit der Feuchtigkeit der ausgeatmeten Luft täglich ungefähr einen halben Liter Flüssigkeit aus dem Körper. Die Haut gibt Schweiß ab, der an ihrer Oberfläche verdunstet oder von der Kleidung aufgesaugt wird. Je mehr man schwitzt, desto weniger muss man aufs Klo gehen. Die Leber gibt Flüssigkeit (die Gallenflüssigkeit) ab, die gemeinsam mit dem festen Kot vom Darm abtransportiert wird. Schließlich reinigen die Nieren das Blut und filtern vor allem Harnstoff aus. Der Harnstoff entsteht bei der Verwertung von Eiweiß. Harnstoff und Wasser bilden den Urin, der in der Blase gesammelt wird. Wenn die Blase voll wird und ungefähr ein Drittel Liter Urin enthält, müssen wir aufs Klo und Wasser lassen.

Wie viel Blut pumpt das Herz durch den Körper?

Im Körper eines Erwachsenen sind ständig ungefähr fünf Liter Blut im Umlauf. Das Blut wird vom Herzen durch das weit verzweigte System der Blutgefäße gepumpt. Das Herz braucht ungefähr eine Minute (zirka 70 Herzschläge), um alles Blut einmal durchzupumpen. Im Laufe eines Tages befördert das Herz also die unglaubliche Menge von 7000 Litern Blut! Das Herz passt sich in seinem Pumprhythmus den Erfordernissen an. Wenn nötig – wenn wir uns körperlich anstrengen – schlägt es auch schneller. Dann brauchen die Muskeln mehr Sauerstoff, und das Herz muss diesen Sauerstoff im Blut schneller heranschaffen.

Welche Aufgaben hat das Blut? 

Blut versorgt alle lebendigen (durchbluteten) Körperteile mit den lebenswichtigen Stoffen. Es befördert den in den Lungen aufgenommenen Sauerstoff und die im Verdauungstrakt erzeugten Nährstoffe dorthin, wo sie gebraucht werden. Blut transportiert auch Hormone an ihren Bestimmungsort. Außerdem sorgt der Blutkreislauf dafür, dass Abfallstoffe ausgeschieden werden können: Er schafft Kohlendioxid zur Lunge, wo dieses Gas abgegeben und ausgeatmet und wo frischer Sauerstoff aufgenommen wird; und er befördert die Abfallstoffe der Zellen zu den Ausscheidungsorganen. Schließlich sorgt das warme Blut auch dafür, dass unser Körper gleichmäßig warm bleibt. Wenn wir kalte Füße haben, dann deshalb, weil sie nicht genügend durchblutet werden.

Weshalb hören Wunden von selbst auf zu bluten?

Ohne die Blutplättchen würde Blut aus Wunden ohne Unterlass weiterfließen, und wir wären in Gefahr, an harmlosen Verletzungen zu sterben. Die Blutplättchen, von denen wir pro Blutstropfen einige Millionen haben, verkleben miteinander, sobald sie mit der Luft in Berührung kommen. Gemeinsam mit bestimmten Eiweißbestandteilen des Blutes bilden sie einen Pfropfen und verschließen das verletzte Blutgefäß. Das ist wichtig, weil so die Wunde nicht nur zu bluten aufhört, sondern weil sie auch gegen Krankheitserreger von außen geschützt ist.

Pflanzen

Was ist der Unterschied zwischen Pflanzen und Tieren?

Nicht immer ist der Unterschied zwischen Pflanze und Tier so klar wie im Fall einer Katze und Blume. Grundsätzlich kann man zwei Arten von Lebewesen unterscheiden: die autotrophen und die heterotrophen Lebewesen. Autotroph (sich selbst ernährend) sind fast alle Pflanzen, und das heißt: Pflanzen nehmen Energie dadurch auf, dass sie körperfremde Stoffe in körpereigene Stoffe umwandeln – ein unglaublich komplizierter und kaum wirklich erforschter Prozess. Eine Pflanze braucht vor allem das Gas Kohlendioxid (das in der Luft vorhanden ist), Wasser (aus dem Boden) und Sonnenlicht als Kraftquelle; dann kann sie wachsen und gedeihen. Heterotroph (sich von Fremdem ernährend) hingegen sind Tiere; sie ernähren sich von fremden Organismen.

Kurz gesagt: Tiere fressen; Pflanzen fressen normalerweise nicht – von so sonderbaren Gestalten wie den Fleisch fressenden Pflanzen einmal abgesehen.

Gibt es tatsächlich Fleisch fressende Pflanzen?

Fleisch fressende Pflanzen gibt es wirklich. Allerdings fangen sie nur kleine Insekten. Typisch für die Fleisch fressenden Pflanzen ist die Nepenthes, deren Blüten vor allem auf Bienen äußerst anziehend wirken. Wenn sich so eine Biene auf dem Blütenkelch niederlässt, rutscht sie auf einer öligen Flüssigkeit aus und gleitet in den „Rachen" der Blume, die dann die Öffnung ihrer tödlichen Falle sofort verschließt.

Anders geht der Sonnentau vor, der auch bei uns vorkommt. Seine Blätter sind mit kleinen Fangarmen besetzt, die sich um das Opfer schließen, sobald es sich auf das Blatt setzt. Anschließend verdaut der Sonnentau das Insekt durch eine säurehaltige Flüssigkeit.

Wie groß sind Pflanzensamen?

Die kleinsten Samen, die Samen bestimmter tropischer Orchideen, sind kaum so groß wie ein Staubkorn. Die größten Samen sind jene der Kokospalme: die Kokosnüsse.

Wozu braucht eine Pflanze Samen?

Würden Pflanzen keine Samen hervorbringen, könnten sie sich nicht vermehren und würden aussterben. Ein Samen ist ein winziger Organismus, eine Pflanze im Kleinen, die zugleich im Keim den „Bauplan" der Art enthält. Man könnte sagen, das einzige Bestreben von Pflanzen besteht darin, Samen zu erzeugen, die zu Pflanzen werden, die wieder Samen erzeugen, die wieder zu Pflanzen werden, und so weiter: damit ihre Art weiterbesteht.

Nützen Pflanzensamen auch uns Menschen?

Samen sind die wichtigsten Nahrungsmittel überhaupt; ohne sie könnte die Menschheit wohl nicht überleben. Reis und Weizen zum Beispiel sind die Samen der Reis- und Weizenpflanzen; Bohnen und Erbsen sind Gemüsesamen. Aus den Samen der Sonnenblume und der Sojabohne wird Öl gewonnen. Außerdem stammen viele Gewürze vom Anis bis zum Senf aus den Samen von Pflanzen.

Weshalb sollten Samen möglichst weit vom Stamm fallen?

Die Natur sorgt mit den verschiedensten Mitteln dafür, dass sich die Samen von Pflanzen möglichst weithin ausbreiten: damit sich die Jungpflanzen nicht gegenseitig behindern und sich selbst im engen Umkreis Konkurrenz machen. Deshalb sind Samen gegen „Transportschäden“ meist recht gut geschützt. Und viele Samen tragen selbst dazu bei, möglichst schnell möglichst weit weg zu kommen.

Können Samen fliegen?

Samen können sich natürlich nicht selbst fortbewegen, sondern sind immer auf äußere Hilfe angewiesen – zum Beispiel auf den Wind, den sie mitunter in sehr pfiffiger Weise ausnützen. Die Samen des Löwenzahns etwa hängen an kleinen Fallschirmen, mit denen sie kilometerweit durch die Luft treiben können. Baumsamen wie beim Ahorn, bei der Linde und Pinie hingegen haben regelrechte Flügel. Diese Flügel bremsen den Fall des Samens und nutzen den Wind für möglichst weite Reisen aus. Andere Samen, die dann allerdings recht fein sein müssen, werden langsam und gleichmäßig in den Wind gestreut. Die Samen des Mohns etwa sitzen in einer Art Fässchen, das sich mit der Zeit immer stärker neigt; die langsame Neigung macht es sehr wahrscheinlich, dass der Wind irgendwann zumindest einige der unzähligen Samenkörner erwischt und fortträgt.

Wie haltbar sind Samen?

Der Samen der Weide muss sofort auf die Erde fallen, um keimen zu können; andernfalls stirbt er. Unglaublich zäh hingegen ist der Samen der fernöstlichen Lotosblume. 2000 Jahre alte Lotossamen, die man in einer japanischen Torfgrube gefunden hatte, konnten tatsächlich wieder zum Keimen gebracht werden.

Können Samen schwimmen?

Manche Samen, wie die der Erle oder der Kokospalme, brauchen das Wasser, um sich auszubreiten. Besonders geschickt scheint sich die Teichrose anzustellen, deren Samen in lufthaltigen Beeren stecken. Die Beeren lösen sich von der Pflanze und treiben ab. Irgendwann geht den Beeren die Luft aus, und sie versinken im Wasser. Schließlich werden die Samen frei und brauchen dann noch einmal mindestens ein Jahr, um zu keimen.

Können Pflanzen ihre Samen verschießen?

Es gibt auch Pflanzen, die ihre Samen verschießen; und zwar steckt folgender Trick dahinter: Manche Früchte, wie zum Beispiel die Erbsenfrucht, spannen sich durch das Austrocknen immer mehr an. Irgendwann wird diese innere Spannung zu stark; die Frucht reißt plötzlich und schleudert ihre Erbsen durch die Gegend.

Können Tiere den Pflanzen bei der Aussaat helfen?

Im Gegensatz zu uns Menschen, die wir Pflanzen gezielt aussäen, helfen manche Tiere den Pflanzen, ohne es zu wollen. Die Frucht der Klette etwa ist über und über mit winzigen Widerhaken bedeckt und bleibt damit am Fell der Tiere hängen, die an der Klettenpflanze vorbeistreifen. Diese „Taxis“, meistens Schafe, verbreiten damit den Samen.

Kleine Samen werden oft von Ameisen verschleppt. Andere Samen sitzen in Früchten, die von Tieren verspeist werden. Die oft unverdaulichen Samen werden anderswo wieder ausgeschieden. Die Samen des Wegerichs beginnen bei Feuchtigkeit zu kleben und können sich so an das Gefieder von Vögeln heften. Bei Trockenheit fallen sie dann wieder ab.

Bei der Verbreitung von Nusssamen hingegen spielt die Vergesslichkeit von Eichhörnchen eine große Rolle. Eichhörnchen sammeln Nüsse für den Winter und verstecken sie oft in unterirdischen Vorratskammern. Doch mit ihrem Gedächtnis ist es nicht allzu weit her, und aus vergessenen Nüssen können dann junge Nussbäume treiben.

Was sind Einjahrespflanzen?

Manche Pflanzen durchlaufen ihr ganzes Pflanzenleben im Verlauf einer einzigen Saison: Als Samen in der Erde keimen sie, treiben Wurzeln; Stiel und Blätter wachsen, Blüten entwickeln sich ebenso wie Samen und Früchte, und dann stirbt die Pflanze ab. Der Löwenzahn ist ein Beispiel für so eine einjährige Pflanze. Seine Samen ruhen den Winter über im Boden. Aus den Samen entwickeln sich dann der Stiel, die typisch gezahnten Blätter und die gelbe Blütenrosette. Im Frühling steht der Löwenzahn schon bald in voller Blüte. Die Blüten verwandeln sich nach kurzer Zeit in Kapseln, die den Samen tragen. Das sind die bekannten Fallschirme der „Pusteblume". Die Pflanze selbst stirbt. Die Samen jedoch sind längst vom Wind verweht worden und oft weit entfernt von der Mutterblume gelandet. Falls sie auf Erde gefallen sind, werden sie bald keimen und zu einer neuen Pflanze werden.

Können Pflanzen schwitzen?

„Schwitzen" ist die Abgabe von Körperflüssigkeit an die Luft, und in diesem Sinne schwitzen Pflanzen tatsächlich, manche mehr, manche – wie Kakteen – kaum. Jedenfalls nehmen Pflanzen durch ihre Wurzeln Wasser auf und damit auch die im Wasser aufgelösten Nährstoffe. Dieses Wasser steigt in der Pflanze hoch. Da es nur teilweise gespeichert werden kann, wird überflüssiges Wasser wieder ausgeschwitzt, und zwar durch die winzigen Atemhöhlen der Blätter.

Wie funktioniert die Fotosynthese?

Fotosynthese ist jener chemisch-physikalische Vorgang, bei dem die Pflanze mithilfe einer chemischen Substanz namens „Chlorophyll“ und mithilfe der Energie des Sonnenlichts ihre Nahrung erzeugt, und zwar aus nichts als Wasser und dem Gas Kohlendioxid. Chlorophyll ist der grüne Farbstoff der Pflanzen und wird auch „Blattgrün“ genannt.

Ernähren sich alle Pflanzen selbstständig?

Es gibt Pflanzen, so genannte „Schmarotzer“, die sich von fremden Pflanzen mitverköstigen lassen. Die Mistel ist so ein Schmarotzer. Diese buschige Pflanze (die in England ein Symbol für Weihnachten ist wie bei uns der Weihnachtsbaum) setzt sich in Baumkronen fest und zapft Nährstoffe ab. Einen Teil ihrer Nahrung produziert sie allerdings auch selbst; sonst bräuchte sie keine Blätter.

Wie sind Blätter entstanden?

Alles Leben, auch das pflanzliche, hat seinen Ursprung im Meer. Als sich nun die Pflanzen allmählich an ein Leben auf dem Land anpassten, verbreiterten sich ihre Zweige an den Enden und platteten sich ab. Blätter entstanden also aus Zweigen, die in einer neuen Umgebung neue Aufgaben erfüllen mussten.

Warum trocknen Pflanzen bei Wassermangel nicht gleich aus?

Pflanzen können über eine Art von Ventil regulieren, wie viel Wasser sie abgeben. Dieses Ventil besteht aus einem Deckel, der auf den Atemhöhlen der Blattunterseite sitzt und der auf- und zugeklappt werden kann. Ansonsten ist das Blatt ziemlich wasserdicht verpackt. Ein dünnes Häutchen auf der Oberseite lässt zwar Sonnenlicht durch, verhindert aber gleichzeitig unfreiwillige Verdunstung. Unter dieser oberen Epidermis (Oberhaut) sitzen in mehreren Schichten lebendige Zellen, die für die Photosynthese verantwortlich sind. Darunter wiederum liegt das Schwammgewebe, das von luftgefüllten Stütz- und Leitzellen durchwoben ist. Auf der unteren Seite wird das Blatt von der unteren Epidermis eingehüllt; die kleinen Spaltöffnungen auf dieser unteren Blatthaut lassen die Pflanzen atmen und schwitzen.

Weshalb verlieren Laubbäume im Herbst ihre Blätter?

Je kälter der Boden wird, aus dem Baumwurzeln ihr Wasser ziehen, desto weniger Wasser nehmen die Bäume auf. Auf der anderen Seite hören die Blätter nicht völlig auf, Wasser an die Luft abzugeben, und werden daher immer trockener. Der Baum rettet jedoch die wertvollen Nährstoffe, die sich in den Blättern befinden, und zieht sie durch die Stängel in die tieferen und geschützteren Teile von Rinde und Stamm ab. Jetzt sind die Blätter nutzlos und werden immer trockener. Dabei bildet sich beim Stengelansatz am Zweig eine Narbe, die den Baum nach außen abschließt. So bleibt keine offene Wunde zurück, wenn die Blätter schließlich endgültig abfallen.

Der Verlust von Blättern ist für unsere heimischen Laubbäume noch aus einem ganz anderen Grund vorteilhaft: Auf Blättern könnten sich im Winter hohe Schneelasten ansammeln, und unter diesem Gewicht würden selbst starke Äste abbrechen. Nadelbäume hingegen sind so aufgebaut, dass Schnee recht gut abrutschen kann; Schnee, der auf den Ästen und Zweigen liegen bleibt, zieht an ihnen, aber bricht sie nicht weg.

Können Stiele auch klettern?

Es gibt Pflanzen, die sich bei ihrer Suche nach Licht nicht auf sich selbst, sondern auf andere Pflanzen verlassen. Kletterstiele haben zum Beispiel Efeu und Lianen, die sich an anderen Pflanzen hochranken, um ihren Anteil am Sonnenlicht zu erhaschen.

Kulturpflanzen wie Weinreben und Kürbisse bilden spezielle Zweige (Rankenzweige) aus, um sich an Stützen hochhalten zu können. Und die Stiele von Erdbeeren kriechen am Boden entlang auf der Suche nach sonnigen Plätzchen.

Was sind unterirdische Stiele?

Viele Pflanzen haben Stiele, die sich in der Erde verkriechen und völlig ohne Licht auskommen. Diese unterirdischen Stiele sehen wie Wurzeln aus, und manche davon sind essbar. Man unterscheidet dabei Wurzelstock, Knolle und Zwiebel.

Der Wurzelstock ist ein stark verlängerter Stiel, der nicht sehr tief in die Erde zurückwächst, sondern sich knapp unter der Erdoberfläche ausbreitet. Maiglöckchen und Iris haben diese Art von Stiel. Einen Zweig, der nicht nach oben, sondern zurück in die Erde wächst und sich dort verdickt, nennt man „Knolle". Die bekannteste Knolle ist die Kartoffel, die eigentlich den Nährstoffreservebehälter für die Kartoffelpflanze bildet. Die Zwiebel (zum Beispiel unsere Speisezwiebel, aber auch die Tulpenzwiebel) ist ein von fleischigen Blättern umhüllter, sehr kurzer Stiel.

Was sind eigentlich Früchte?

Früchte sind pflanzliche Organe, die nach der Befruchtung aus den Fruchtknoten einer Blüte entstehen. Für die Pflanze können Früchte drei verschiedene Aufgaben erfüllen: Sie schützen den Samen, sie nähren ihn während der Reifezeit, und sie sorgen auf die verschiedensten Weisen dafür, dass der ausgereifte Samen weit verbreitet wird.

Wodurch unterscheiden sich Früchte?

Die Früchte der verschiedenen Pflanzen lösen ihre Aufgaben auf verschiedene Weise. Man kann zunächst einmal Öffnungsfrüchte von Schließfrüchten unterscheiden. Öffnungsfrüchte (wie Erbsen und Bohnen) geben den reifen Samen frei, Schließfrüchte (wie Kirschen) hingegen haben eine – manchmal essbare – Fruchthülle. Die Fruchthülle der Kirsche zum Beispiel besteht aus Haut, Fruchtfleisch (Mark) und der Kernhülle; das ist jene Haut, die den Kern, also den Samen, umhüllt.

Was sind falsche Früchte?

Für Apfelesser ist der Apfel eine „normale" Frucht; wissenschaftlich gesehen handelt es sich bei ihm jedoch um eine so genannte „Scheinfrucht". Denn die wirkliche Apfelfrucht – nämlich die Vergrößerung des Fruchtknotens – besteht nur aus dem Kerngehäuse. Das, was wir als Apfel verspeisen, ist im Grunde die Fruchthülle, die sich zur fleischigen „Scheinfrucht“ entwickelt hat.

Werden Wiesen von den Böden gebraucht?

Wiesen schützen die Böden nicht nur davor, von der Sonne verbrannt und vom Regen ausgewaschen zu werden, sie ernähren die Böden auch und halten sie fruchtbar. Die Wurzeln der Wiesenpflanzen erneuern sich nämlich jedes Jahr. Abgestorbene Wurzeln werden durch Mikroorganismen (mikroskopisch kleine Tiere) in Humus verwandelt, das heißt in besonders fruchtbare Erde. Auf gesunden Wiesen gibt es zahlreiche Regenwürmer, die sich ebenfalls von abgestorbenen Pflanzenteilen ernähren. Mit ihren Gängen belüften Regenwürmer den Boden und lockern die teilweise sehr feste Erde auf. Andere Wiesenbewohner scheinen hingegen auf den ersten Blick Schädlinge zu sein. Heuschrecken fressen Gräser, und die Larven des Maikäfers zum Beispiel ernähren sich von Wurzeln. Doch tragen auch sie zum natürlichen Gleichgewicht bei und sind insofern nützlich.

Was sind Naturwiesen?

Naturwiesen sind mit Gras und Blumen bedeckte Bodenflächen, die nicht gedüngt und nicht oder nur sehr selten gemäht werden. Naturwiesen werden von zahlreichen Tier- und Pflanzengemeinschaften bevölkert, die sich gegenseitig im Gleichgewicht halten. In Europa gibt es Naturwiesen nur noch sehr vereinzelt, zum Beispiel im Hochgebirge. Normale Wiesen sind stets künstlich, das heißt, sie werden regelmäßig gemäht und gedüngt. Das Gras wird meistens zu Heu getrocknet und als Viehfutter verwendet.

Warum haben manche Früchte harte Schalen?

Bei Schalenfrüchten können die Samen in widerstandsfähigen Umhüllungen ausreifen. Typische Vertreter der Schalenfrüchte sind Nüsse – ausgenommen Erdnüsse, die zwar auch Schalen haben, jedoch zu den Hülsenfrüchten gehören. Die Erdnuss ist somit eher eine Bohne als eine Nuss! Schalenfrüchte haben außen eine weiche Umhüllung, darunter eine harte, holzige

Zwischenhülle und im Innern die Keime, die bei vielen Schalenfrüchten essbar sind. Essbare Nüsse sind für eine gesunde Ernährung sehr wichtig, denn sie haben einen hohen Anteil an Vitaminen, Eiweiß und Mineralsalzen.

Sind Pilze Pflanzen?

In der Natur gibt es immer wieder Ausnahmen. So sind zum Beispiel Pilze Pflanzen, obwohl sie ihre Nahrung nicht aus Licht, Luft und Wasser erzeugen – wie sie das als ordentliche Pflanzen eigentlich tun sollten. Anders als normale Pflanzen haben Pilze nämlich kein Chlorophyll und müssen sich deshalb auf Kosten anderer ernähren. Und das machen sie auf verschiedene Weise: Entweder holen sie aus anderen lebenden Organismen die nötigen Nährstoffe heraus; dann handelt es sich um Schmarotzerpilze. Oder sie ernähren sich von den Überresten toter Organismen wie den Fäulnisbewohnern. Oder sie leben in Gemeinschaft mit anderen Pflanzen zum gegenseitigen Vorteil.

Wie nützlich sind Wald- und Wiesenpilze?

Manche Pilze sind sehr giftig wie etwa der grüne und der weiße Knollenblätterpilz, der Panterpilz oder der Risspilz. Andere sind schlicht unbekömmlich. Und wieder andere Pilzsorten, wie die Steinpilze, die Schirmpilze, manche Morcheln oder der Wiesenchampignon, zählen zu den Leckerbissen. Doch abgesehen vom menschlichen Speiseplan sind alle Pilze für die Natur von größtem Nutzen. Denn um sich zu ernähren, arbeiten Pilze den organischen „Müll" des Waldes auf und produzieren dabei Mineralien, die in den Boden übergehen und anderen Pflanzen wiederum als Nährstoffe dienen.

Warum gäbe es ohne Pilze kein Brot?

Es gibt viele tausende von Pilzarten, die so winzig sind, dass man sie mit bloßem Auge nicht erkennen kann – es sei denn, sie treten in hellen Scharen auf. Der Schimmel beispielsweise, der sich auf der Oberfläche von Früchten bilden kann, besteht aus Pilzen: freilich aus einer ungenießbaren Sorte von Schimmelpilzen.

Andere Pilzarten sind aus unserem Leben gar nicht wegzudenken. Denn auch Hefe und Sauerteig sind nichts anderes als Kolonien von mikroskopisch kleinen Pilzen, und mit ihrer Hilfe backen Menschen von alters her ihr Brot. Und zum Bierbrauen braucht man Bierhefe, die für die Gärung des Getränks verantwortlich ist. In aller Welt benutzt und kultiviert man Pilzkolonien zur Zubereitung von Nahrungsmitteln: Bei uns veredelt man manche Käsearten mit bestimmten Schimmelpilzen, in Südostasien werden Fladen aus gekochten Sojabohnen durch Pilze in ein hochwertiges Nahrungsmittel namens „Tempeh" verwandelt, und aus China und Japan stammt ein Teepilz, der aus gesüßtem Tee das aromatische, säuerliche Getränk Kombucha macht. Auch das Heilmittel Penizillin wird aus den Kulturen bestimmter Schimmelpilze gewonnen.

Haben Pilze auch Wurzeln?

Grundsätzlich bestehen Pilze aus dem Fruchtkörper (das ist der sichtbare Teil) und dem – meist verborgenen – Myzel. Das Myzel, eine Art von Wurzel, ist ein Geflecht von Zellfäden, das den Boden oder andere Organismen (oder deren Reste) durchzieht. Mit diesen Fäden nimmt der Pilz Nahrung auf.

Warum wachsen auf gemähten Wiesen andere Pflanzen?

Beim Mähen bleibt nur das Gras stehen, das dicht am Boden wächst. Dieses Gras kann weiterwachsen. Kräuter und Blumen hingegen, die über das Gras hinausstreben würden, werden dabei vernichtet. Mit der Zeit verwandelt sich eine reiche, blühende, vielfältige Wiese in eine mehr oder weniger einheitliche Graslandschaft, die dann das erstrebte Viehfutter liefert. Eine extrem unnatürliche Form der Wiese ist der kurz geschorene gepflegte Rasen.

Wie können Pilze und Pflanzen zusammenarbeiten?

Lebensgemeinschaften zwischen verschiedenen Tier- und Pflanzenarten, die für alle Beteiligten vorteilhaft sind, nennt man „Symbiosen". Es gibt Pilzarten, die auf das Zusammenleben mit Bäumen spezialisiert sind. Dabei dringen die Zellfäden des Pilzes in Baumwurzeln ein und helfen ihnen beim Aufsaugen des Wassers. Der

Baum revanchiert sich dadurch, dass er dem Pilz einen Teil der von ihm nach Pflanzenart erzeugten Nahrung überlässt.

Gab es Äpfel schon vor den Menschen?

Sämtliche Kulturpflanzen – auch Äpfel – beruhen auf Wildformen, die völlig anders aussehen und schmecken können. Das heißt, erst Menschen haben durch Züchtung, Kreuzung und Veredelung (Veränderung der Erbeigenschaften) die Äpfel zu dem gemacht, was heute auf unseren Apfelbäumen hängt. Diese Verwandlung von ursprünglichen Arten in moderne Kulturpflanzen betrifft nicht nur Nahrungsmittel wie Obst, Gemüse und Getreide, sondern auch Pflanzen, die wie Hanf oder Baumwolle Rohstoffe für Bekleidung und andere Zwecke liefern.

Tierwelt

Was sind Wirbeltiere?

Jene Tiere, die ein festes Skelett haben, nennt man „Wirbeltiere“. Das Wort bezieht sich auf die Wirbelsäule, die knöcherne Achse unseres Skeletts. Wirbeltiere werden von innen zusammengehalten, im Gegensatz zu den Insekten, die ihr Skelett außen haben und sozusagen in einer festen Rüstung stecken. Wirbeltiere können daher größer werden als Insekten, deren Gewicht durch die Art ihres Außenskeletts sehr begrenzt ist. Wirbellos sind auch Weichtiere, Würmer und Stachelhäuter.

Wie viele Tierarten gibt es?

Eine genaue Zahl ist nicht bekannt, doch schätzt man die verschiedenen Tierarten auf etwa eine Million. 96 Prozent aller Tierarten sind wirbellose Tiere, die meisten davon Insekten. Andersherum gesagt: Nur jede zehnte Tierart, die es auf der Erde gibt, gehört nicht zu den Insekten.

Sind die Tiefen des Meeres von Tieren bewohnt?

In früheren Zeiten glaubte man, dass in den finsteren, kalten Tiefen der Ozeane schreckliche Monster hausen. Ganz Unrecht hatte man nicht: Tiefseefische sehen tatsächlich zum Fürchten aus. Manche scheinen nur aus Magen und zähnestarrendem Maul zu bestehen, andere haben dazu noch leuchtende Tentakel (Fangarme). Von der Existenz dieser Fische weiß man erst, seitdem Menschen gelernt haben, die Tiefen der Meere mit U-Booten oder Tauchglocken zu erforschen. Die Tiefseemonster können nämlich gar nicht auftauchen, selbst wenn sie wollten. Ihr Organismus ist so sehr an den Druck der Tiefsee angepasst, dass sie an der Oberfläche buchstäblich zerplatzen würden.

Gibt es Tiere mit Rückstoß?

Meerestiere haben eine Reihe von Methoden entwickelt, sich unter Wasser fortzubewegen. Fische und Wale schlagen mit den Schwanzflossen; viele kleine Wirbellose lassen sich mit der Strömung treiben; Pinguine auf Tauchfahrt verhalten sich so, als schlügen sie mit ihren Stummelflügeln in der Luft.

Die seltsamste Methode, unter Wasser voranzukommen, haben aber wohl die Tintenfische und bestimmte Muscheln entwickelt: den Rückstoß. Tintenfische saugen Wasser ein und stoßen es so scharf aus, dass sie sich dabei fortbewegen, ähnlich wie ein Luftballon, dem die Luft ausgeht – allerdings gezielter. Die im Mittelmeer verbreitete Jakobsmuschel hingegen kann sich dermaßen kräftig zusammenklappen, dass der Rückstoß sie bisweilen mehr als zehn Meter vorantreibt.

Wie oft müssen Wale Luft holen?

Wale, Delfine und andere Meeressäuger sind an ihre nasse Umgebung bestens angepasst; aber ganz ohne Luft kommen sie als Nichtfische doch nicht aus. Sie müssen regelmäßig auftauchen. Manche Wale bringen es allerdings auf eine Stunde Tauchzeit und tauchen dabei bis zu zwei Kilometer tief. Seehunde können bis zu vierzig Minuten ohne Luft bleiben.

Können Meerestiere hören?

Zwar werden Schallwellen im Wasser um einiges besser übertragen als in der Luft, aber hören können Fische dennoch nichts. Ihnen fehlen die Ohren. Dafür haben sie allerdings ein spezielles und hoch entwickeltes Sinnesorgan, das sie in die Lage versetzt, Schwingungen im Wasser wahrzunehmen.

Wale hingegen, die ja keine Fische, sondern Säugetiere sind, hören ganz ausgezeichnet. Ihr Unterkiefer dient ihnen dabei als Resonanzkasten; er verstärkt die Töne, die dann zu den Ohren und ins Gehirn weitergeleitet werden. Zu Zeiten, als noch keine Motorschiffe die Meere durchkreuzten, konnten Wale den Gesang ihrer Artgenossen über tausend Kilometer hinweg hören; Wale produzieren nämlich melodische Unterwassergesänge.

Was fressen so riesige Tiere wie die Wale?

Wale ernähren sich in erster Linie von winzigen Lebewesen, zumeist einzelligen Algen und kleinen Krebsen wie dem Krill, die ohne eigene Bewegung im Meer treiben. Diese Biomasse wird „Plankton“ genannt und bildet eine der Grundlagen für das Leben im Meer. Ein Blauwal, mit einer Länge von dreißig Metern übrigens das größte Tier der Welt, kann pro Mahlzeit elf Tonnen Plankton verschlucken. Damit verspeist er jedes Mal fast ein Zehntel seines Eigengewichts.

Wovon hängt es ab, wie viel ein Tier frisst?

Je mehr Energie ein Tier verbraucht – zum Beispiel durch Bewegung oder durch das Aufrechterhalten seiner Körpertemperatur – desto mehr Nahrung muss es sich von außen beschaffen. Wie viel das ist, hängt von der Lebensweise, der Größe, der Beschaffenheit und den Umgebungstemperaturen des Tieres ab.

Welche Tiere fressen am meisten?

Wenn man die reine Nahrungsmenge betrachtet, so fressen große Tiere natürlich am meisten. Ein Blauwal braucht täglich einige Tonnen Plankton. Und auch ein Elefant kann es auf bis zu 300 Kilogramm Grünfutter täglich bringen. In freier Wildbahn verbringt ein Elefant täglich achtzehn bis zwanzig Stunden damit, sich

Grünzeug zu beschaffen. (Zum Schlafen bleibt da nicht mehr sehr viel Zeit.) Wenn man allerdings die Größe und das Gewicht eines Tieres in Betracht zieht, so fressen kleinere Tiere verhältnismäßig mehr als große. Das wohl gefräßigste Säugetier ist die Zwergspitzmaus, ein winziger, nur drei Gramm schwerer Insektenvertilger. Diese Maus muss täglich das Dreifache ihres eigenen Gewichts verzehren, um nicht zu verhungern. (Zum Vergleich: Ein gefräßiger erwachsener Mensch müsste täglich vier Zentnersäcke Kartoffeln verspeisen, um auf das gleiche Verhältnis von Eigengewicht und Nahrungsmenge zu kommen!) Die Zwergspitzmaus ist daher praktisch ohne Unterlass auf Nahrungssuche und frisst teilweise sogar im Schlaf. Schon nach ein paar Stunden ohne Nahrung wäre sie vom Hungertod bedroht. Noch gieriger sind jedoch manche Insekten. Die Stechmücke von der Gattung Culex saugt sich täglich bis zu fünfzehnmal mit fremdem Blut voll – und jedes Mal verdoppelt sie dabei ihr eigenes Gewicht.

Welche Tiere verschlingen die größten Brocken?

Schlangen können ihre Kiefer aushängen und sind daher in der Lage, ganze Beutetiere zu verschlucken, die dicker sind als sie selbst. Die afrikanische Eierschlange etwa kann ihr Maul ums Zwei- bis Dreifache aufreißen. Die Beute wird weder zerrissen noch zerkaut, sondern verschlungen und im Ganzen verdaut. Dazu brauchen Schlangen oft sehr lange. Obwohl unglaubliche Schlinger, sind Schlangen eigentlich sehr genügsam. Die Nahrung, die sie pro Jahr brauchen, wiegt oft nicht mehr als die Schlange selbst. Von einer giftigen Habuschlange wird sogar berichtet, dass sie drei Jahre und drei Monate lang gefastet hat. Wenn Schlangen aber Beutetiere fressen, dann tüchtig. Rekordhalter ist wohl jener sechs Meter lange Netzpython, in dessen Magen man einen ausgewachsenen Leoparden gefunden hat.

Aber auch andere Tiere haben große Klappen. Der leuchtend bunte Schmuckhornfrosch zum Beispiel verschlingt Beutetiere, die so groß sein können wie er selbst: andere Frösche etwa oder Mäuse und Eidechsen. Auch manche Tiefseefische sind, im wahrsten Sinne des Wortes, ausgesprochene Fresssäcke. Der schwarze Schlinger zum Beispiel kann Fische verschlingen, die größer sind als er selbst. Das Opfer wird zwecks Verdauung in einem dehnbaren Magensack verstaut. Dieser gefüllte Magen sieht dann aus wie ein riesiger, am Bauch befestigter Rucksack.

Gibt es tatsächlich Menschen fressende Tiere?

Stechmücken, Flöhe und Kopfläuse könnte man als „Menschen anfressende“ Tiere bezeichnen; sie zapfen ihren Opfern Blut ab, ohne ihnen dabei den Garaus zu machen – es sei denn, diese Blutsauger übertragen dabei Krankheiten.

Tierarten, die auf das Fressen von Menschen spezialisiert sind, gibt es nicht. Allerdings treten unter Raubkatzen (wie unter Tigern, Löwen und Leoparden) immer wieder Einzelgänger auf, die irgendwann ihre natürliche Scheu vor Menschen verloren haben und seitdem auf Menschenjagd gehen. Für den weißen Hai, für das Leistenkrokodil und für die gefürchteten Piranhas hingegen sind Menschen Beutetiere wie andere auch.

Welche Tiere sammeln für magere Zeiten?

In der Tierwelt ist das Sammeln von Vorräten gar nicht so selten. Eichhörnchen zum Beispiel sorgen vor, indem sie eine Reihe von Vorratslagern mit Nüssen und Samen anlegen. Oft vergessen sie dann, wo diese Speisekammern liegen; und so kommt es vor, dass die vergrabenen Nüsse austreiben und sich zu Bäumen entwickeln.

Besonders grausam wirkt auf uns die Art und Weise, wie der Neuntöter seine Beute aufbewahrt. Dieser Vogel spießt getötete Mäuse, Insekten und kleine Frösche auf Dornen von Sträuchern und kann somit seine Jungen füttern, ohne zwischendurch auf Jagd gehen zu müssen. Auch der Maulwurf legt sich unterirdische Fleischkammern an. Er beißt Regenwürmern den Kopf ab und schafft die gelähmten Würmer in eigene Höhlen. In mageren Zeiten macht sich der Maulwurf dann über seine Vorräte her. Man hat schon Vorratskammern gefunden, in denen tausend verstümmelte Würmer lagerten.

Legen sich Hunde Vorräte an?

Wenn Hunde ihre Knochen vergraben, um sie später wieder auszubuddeln und zu fressen, so wollen sie sich dabei nichts für magere Zeiten aufsparen. Das „Einlagern“ von Knochen dient eher dazu, die Knochen besser verdaulich zu machen. Es bilden sich nämlich gewisse Fäulnisbakterien, die dem Hundemagen später bei der Verdauung helfen. Auf Menschen wirkt so ein angefaulter Knochen „verdorben“; als eigentliche Pflanzenfresser würden wir uns damit sogar eine Fleischvergiftung zuziehen. Echten Fleischfressern, wie eben Hunden tut verdorbenes, fauliges Fleisch hingegen ab und zu richtig gut.

Welches sind die tüchtigsten Fallensteller?

Es ist sonderbar, dass praktisch alle räuberischen Tiere, die ihre Beute mit Fallen fangen, Insekten sind – und nicht die intelligenteren Säugetiere. Das weist darauf hin, dass auch so komplizierte Tätigkeiten wie der Bau von ausgetüftelten Netzen nichts, aber auch gar nichts mit „Überlegung“ zu tun hat. Jedenfalls haben sich bei vielen Raubinsekten im Laufe von hunderten Millionen Jahren staunenswerte Fähigkeiten herausgebildet, die als festes Programm vererbt werden. Fast zwei Meter im Durchmesser können die Netze einer tropischen Spinne groß sein; einzelne umlaufende Fäden werden sechs Meter lang. Binnen einer Stunde kann diese Spinne aus der Gattung Nephila einen hundert Meter langen Faden produzieren. Die Einwohner von Papua und Madagaskar verwenden diese Art von Seide dann zum Bau von Fischernetzen oder zum Weben von Tüchern. Einfacher macht es sich eine Spinnenart aus der Gattung Miagrammopes, deren „Netz“ aus einem einzigen, ein Meter langen, klebrigen Faden besteht.

Welche Fallen gibt es im Wasser und auf der Erde?

Überall, wo es in der Natur Beutetiere gibt, lauern auch Räuber. Die Tapezierspinne etwa kleidet kleine Erdhöhlen mit einem schlauchförmigen Netz aus, das ein wenig aus dem Boden ragt. Darin fangen sich kriechende Insekten. Die Falldeckelspinne tarnt ihr Höhlennetz sogar mit einem Deckel, den sie wie eine Falltür heben und hinter ihrem Opfer wieder zuklappen kann. Eine Falle allereinfachster Art baut ein Insekt namens „Ameisenlöwe“ (das ist die Larve eines fliegenden Insekts, nämlich der Ameisenjungfer). Der Ameisenlöwe gräbt kleine Trichter in sandigen Boden und lauert am tiefsten Punkt auf Ameisen, die in den Trichter rutschen.

Die Wasserspinne schließlich macht von ihrem Unterwasserversteck aus Jagd auf kleine Tiere. Dazu baut sie sich unter Wasser ein glockenförmiges Netz, das sie an Pflanzenhalmen verankert. Dann pendelt sie zwischen Wasseroberfläche und „Taucherglocke“ hin und her und befördert winzige Luftbläschen, die beim Runtertauchen zwischen ihren Körperhaaren kleben bleiben, in das Netz. Wenn die Taucherglocke voll Luft ist, kann die Wasserspinne lange Zeit unter Wasser bleiben und von ihrem Unterschlupf aus auf Jagd gehen. Und dann gibt es noch ein Tier, das keine Fallen *baut*, sondern eine Falle *ist*. Die Fleisch fressende Raupe Eupithecia taurophragma sieht genauso aus wie ein kleiner Zweig. Sobald sich ein Tier draufsetzt, packt das „Zweiglein“ zu.

Sind Fledermausvampire Vorbilder für Dracula?

Die Sage von Blut saugenden, fledermausartigen Gestalten gab es in Europa bereits zu einer Zeit, als Amerika noch nicht entdeckt war und man von den dortigen „echten“ Vampiren noch nichts wissen konnte.

Benutzen Tiere auch Werkzeuge?

Früher hat man geglaubt, dass ein Unterschied zwischen Menschen und Tieren darin besteht, dass Menschen Werkzeuge benutzen, Tiere jedoch nicht. Heute weiß man, dass dies so nicht stimmt. Zumindest Menschenaffen sind in der Lage, Gegenstände als Werkzeug zu benutzen. In einem berühmten Experiment bauten sich Schimpansen aus Kisten eine Art Leiter, um an Bananen zu kommen, die man hoch über ihnen aufgehängt hatte. Aber auch in freier Natur behelfen sich viele Tiere mit „Werkzeugen“.

Affen machen sich kleine Zweige zurecht, mit denen sie Termiten aus deren Bauten herausholen. Diese Zweige müssen eine ganz bestimmte Größe und Form haben und auf richtige Weise eingesetzt werden; zufälliges Herumstochern im Termitenbau bliebe erfolglos. Auch der Spechtfink besorgt sich Dornen, mit denen er Insekten aus der Rinde von Bäumen hervorpickt.

An viele „Lebensmittel" können Tiere überhaupt nur dann herankommen, wenn sie sie aufknacken. Seeotter schlagen mit Steinen Muscheln vom Fels und klopfen sie dann ebenfalls mit Steinen auf. Viele Vögel zertrümmern Schneckenhäuser, Eier und Muscheln auf Steinen oder aber lassen sie aus großer Höhe auf die Erde fallen. Geier transportieren Knochen in die Luft, um sie auf Felsen zerschellen zu lassen und so an das Mark heranzukommen. Angeblich machen sie das auch mit Schildkröten; der griechische Tragödiendichter Aischylos soll von einer Schildkröte erschlagen worden sein, die ein Geier aus großer Höhe fallen ließ. Eine echte Tragödie – falls es stimmt!

Der Palmendieb (eine Krebsart) hingegen hat alle nötigen Werkzeuge bei sich. Er klettert auf Palmen und zwickt mit seinen kräftigen Scheren Kokosnüsse ab. Nach dem Aufschlagen lassen sich die Schalen dann leichter öffnen.

Können Tiere etwas Neues erfinden?

Die erstaunlichen Fähigkeiten und Verhaltensweisen der Tiere haben sich im Laufe von Millionen Jahren entwickelt und sich von Generation zu Generation durch Vererbung übertragen. Vieles, was vor allem höhere Tiere können, haben sie allerdings von ihren Eltern und Artgenossen gelernt. Kleine Bären etwa, die ohne Mutter aufwachsen, sind in freier Natur hilflos und lernen von selbst nie, wie man zum Beispiel einen Fisch fängt. Da muss doch unter den Ahnen dieser Tiere einmal ein Bär gewesen sein, der diesen besonderen Trick herausgefunden hat!

Forscher einer japanischen zoologischen Station waren vor wenigen Jahren Zeuge, wie ein Tier – eine Makakenäffin namens Imo – mit einem bestimmten Trick ein Problem gelöst hat. Es ging um das Reinigen von Kartoffeln und Reis, die im Sand gelegen hatten. Zuvor hatten die Affen den Sand entweder mitgegessen, was unangenehm war, oder aber die Sandkörner auf mühselige Weise entfernt. Imo erfand etwas völlig Neues. Sie tauchte die Kartoffeln ins Wasser und wusch sie einfach ab. Und als das so gut funktionierte, löste sie auch noch das Problem, wie man Sand und Getreide trennt. Imo warf Getreide und Sand gemeinsam ins Wasser – der Sand ging unter, das Getreide schwamm obenauf, und sie konnte es leicht abschöpfen. Dieser Trick verbreitete sich bald in der ganzen Makakenkolonie. Nur die alten Affen wollten von diesen „modernen Methoden“ nichts wissen, blieben zeit ihres Lebens bei der altbewährten Methode und aßen weiter Kartoffeln und Reis mit Sand.

Gibt es Vögel, die sich warme Brutkästen bauen?

Normalerweise brüten Vögel ihre Eier mit Körperwärme aus. Das Freycinet-Großfußhuhn aus Australien geht die Sache jedoch mit wesentlich höherem Aufwand an. Der etwa rebhuhngroße Vogel nutzt nämlich die Wärme aus, die sich entwickelt, wenn organisches Material (Laub, Zweige, Gras und so weiter) verrottet. Diese Wärme entsteht durch die Tätigkeit von Bakterien, die das Material zersetzen und in fruchtbare Komposterde zurückverwandeln.

Großfußhühner legen derartige Komposthaufen an. Sie bauen ein bis zu fünf Meter hohes und zwölf Meter breites Gebirge aus Erde und Pflanzen über die gelegten Eier. Dann müssen sie allerdings Obacht geben, dass dieses sonderbare Nest nicht wärmer wird als 33 Grad Celsius: Das ist genau die nötige Brutwärme. Ständig steckt das Huhn nun den Schnabel in den Haufen, um die Temperatur zu messen. Wird es zu heiß, muss das Nest aufgelockert werden, damit frische Luft ins Innere dringt. Wenn dann die Küken ausgeschlüpft sind, müssen sie allein zurechtkommen; für die Eltern ist die Sache beendet. Oftmals brauchen die Küken mehrere Tage, bis sie sich an die Oberfläche hochgegraben haben. Dabei kann es durchaus vorkommen, dass einige von ihnen unterwegs ersticken oder entkräftet eingehen. Auch das australische Thermometerhuhn lässt seine Eier von Kompostwärme ausbrüten. Zwar sind seine Brutnester wesentlich kleiner, doch breitet dieser Vogel noch eine Isolierschicht aus Sand darüber. Mit der Aufgabe, das Nest auf Temperatur zu halten, ist das Thermometerhuhn fast das ganze Jahr über beschäftigt.

Können Tiere auch im Wasser schlafen?

Obwohl Fische keine Augenlider haben (daher das starre „Glotzen“ von Fischen) und die Augen nicht schließen können, schlafen sie dennoch. Der flache Drückerfisch legt sich am Meeresgrund zum Schlafen sogar auf die Seite. Meeressäugetiere schlafen zwar auch im Wasser, müssen dabei aber Luft holen können. Seelöwen zum Beispiel lassen sich auf der Wasseroberfläche treiben und strecken dabei den Kopf (und sonderbarerweise immer auch eine Flosse) aus dem Wasser. Andere Meeressäugetiere lassen sich auf den Grund absinken und tauchen jede Viertelstunde zum Luftholen auf, ohne dabei aufzuwachen.

Gibt es Tiere, die den ganzen Winter durchschlafen? 

Viele Säugetiere, aber auch manche Schnecken, Amphibien und Reptilien überdauern die Härten des Winters, indem sie sich zu geschützten Plätzen zurückziehen und in einen sehr langen Schlaf verfallen. Ihre Atmung wird dabei flach, die Körpertemperatur sinkt, und der Blutkreislauf verlangsamt sich. Doch nach jeweils zwei bis drei Wochen wachen fast alle Winterschläfer auf, um sich kurz aufzuwärmen und dann wieder weiterzuschlafen. Nur bei der Mausohrfledermaus dauert der Winterschlaf beinahe den ganzen Winter. Sie kann drei Monate lang ohne jede Bewegung schlafen. Und die Rote Fledermaus übersteht auch Minustemperaturen bis fünf Grad in ihrer Umgebung. Dabei kann sie ruhig ein wenig einfrieren.

Winterschläfer sind zum Beispiel Murmeltiere, Braunbären, Dachse, Stinktiere (Skunks), Siebenschläfer, Gartenschläfer, Fledermäuse, Hainschnecken, Schildkröten, Erdkröten, Igel und Beutelratten.

Warum gehen Tiere auf Wanderschaft?

Zahlreiche Tierarten legen auf ihren jährlichen Wanderungen unglaubliche Strecken zurück: schwimmend, fliegend und zu Fuß. Ein jahreszeitlich milderes Klima, mehr Futter oder günstige Plätze für die Aufzucht der Jungen sind die Gründe dafür, dass sie diese Anstrengungen immer wieder auf sich nehmen.

Rekordhalter dabei ist wohl die Paradiesseeschwalbe, die es offensichtlich stets gerne kalt und sonnig zugleich hat. Diese Schwalbe pendelt zwischen Nordpol und Südpol. Im Sommer brütet sie in Gebieten nahe des Nordpols; im arktischen Sommer geht die Sonne nämlich praktisch nie unter. Wenn der arktische Sommer – man kann auch sagen: der arktische Tag – endet und der sonnenlose arktische Winter heranrückt, fliegen die Paradiesseeschwalben mit ihren Jungen rund um die Erde zum Südpol. Dort herrscht nämlich das nächste halbe Jahr antarktischer Sommer. Danach machen sich die Schwalben wiederum auf ihren Weg in die sommerlichen arktischen Nistgebiete und legen dabei jeweils 40 000 Kilometer zurück.

Ein Wandervogel anderer Art ist hingegen die kalifornische Berghaubenwachtel. Diese prächtig bunten Vögel leben den Sommer über im Hochgebirge; im Herbst machen sie sich dann auf die Wanderschaft ins Tal. Obwohl sie fliegen können, gehen sie dabei sonderbarerweise zu Fuß und im Gänsemarsch. Nachdem sie im wärmeren Tal überwintert haben, marschieren die Haubenwachteln im Frühjahr wieder in die Berge.

Gibt es Vögel, die schwimmend wandern?

Der Pinguin ist ein Vogel, der zwar nicht fliegen und kaum gehen, dafür umso besser schwimmen kann. Der Magellan-Pinguin schwimmt jedes Jahr 4000 Kilometer weit von seinen Brutgebieten vor der Küste Brasiliens in seine Heimat an der Südspitze von Südamerika.

Auch viele Meeressäuger (wie manche Wale und Robben) legen Jahr für Jahr auf den immer gleichen Strecken tausende Kilometer zurück. Am weitesten kommt dabei der Grauwal herum, der in der Beringsee (im hohen Norden zwischen Alaska und Sibirien) beheimatet ist. Im Winter schwimmt er an die mexikanische Küste, wo er in warmen Gewässern seine Jungen zur Welt bringt. Mit einer Wanderstrecke von 9000 Kilometern hält er den Weltrekord unter den Säugetieren.

Welche Tiere unternehmen Rundreisen um die Welt?

Die Jungen einer Albatrosart (nördlicher Rußalbatros, ein besonders begabter Segelvogel) nutzen den immer gleichen Wind aus, der im Bereich eines erdumspannenden Gürtels im Süden der Erdkugel weht. Dort, auf vierzig Grad südlicher Breite (etwa an den Südspitzen von Afrika und Südamerika), herrschen jahrein, jahraus Ostwinde. Die jungen Albatrosse schwingen sich hoch und lassen sich im Wind treiben – immer nach Westen. Fast drei Monate dauert so eine Reise, dann haben die Vögel die Erde umrundet. Zwar nicht an der dicksten

Stelle (das wäre am Äquator), doch immerhin auf einer Strecke von 30 000 Kilometern!

Gemächliche und unfreiwillige Rundreisen unternehmen Eisbären. Sie leben auf arktischen Eisfeldern, die langsam dahintreiben – und zwar auch immer in westlicher Richtung. Somit umrunden Eisbären alle fünf Jahre einmal den Nordpol, ohne sich viel von der Stelle rühren zu müssen.

Wohin verreisen unsere Schwalben?

Wie viele andere Zugvögel auch fliegen Rauchschwalben im Herbst in den warmen Süden Afrikas.

Im Frühling kehren sie in unsere Gegenden zurück. Auch unser Storch überwintert in Afrika. Während Störche und Schwalben über Land fliegen und daher immer wieder Rastpausen einlegen können, muss sich der Borstenbrachvogel auf seinem Weg über den Pazifischen Ozean fast 9000 Kilometer – von Alaska bis in die Südsee – ununterbrochen in der Luft halten.

Fliegen auch Schmetterlinge in den Süden?

Auch Schmetterlinge fliegen in den Süden. Am weitesten kommt dabei der Distelfalter, der in Schottland und Island beheimatet ist und im Herbst nach Afrika fliegt. Dabei legt er oft 6000 Kilometer zurück.

Welche Tiere wandern in den Tod?

Bei manchen Tieren, zum Beispiel bei Eichhörnchen oder bei Lemmingen, kommt es immer wieder zu regelrechten Völkerwanderungen. Das geschieht, wenn sich die Tiere bei günstiger Witterung und reicher Nahrung zu stark vermehrt haben und es keinen Lebensraum für alle gibt. Man kann sagen, dass diese Tiere dann auswandern.

Bei Lemmingen, einer in Nordeuropa sehr häufigen Art von Nagetieren, endet dieser Zug in die Fremde oft für hunderttausende Tiere tödlich. Bei ihren Massenwanderungen lassen sich Lemminge nämlich durch keine natürlichen Hindernisse aufhalten. Sie durchschwimmen auch breite Flüsse. Wenn sie bei ihren Zügen an Meeresküsten kommen, so machen sie selbst dort nicht Halt, sondern stürzen sich ins Meer. Früher hat man angenommen, Lemminge würden „Massenselbstmord" begehen. In Wirklichkeit wollen sie einfach weiterwandern; das Meer ist für sie nichts anderes als ein breiter Fluss. Dieser Irrtum bedeutet fast für alle den sicheren Tod, denn nur wenige Lemminge erreichen mit viel Glück nahe Inseln. Für die Natur insgesamt sind diese tragischen Todeswanderungen der Lemminge allerdings von Vorteil. Lemminge vermehren sich nämlich äußerst rasch und würden schnell alles Genießbare aufgefressen haben; dann wäre das Land kahl, und viel mehr Lemminge gingen schließlich an Hunger zugrunde.

Welche Tierehen halten ein Leben lang?

Bei Tieren ist es eher die Ausnahme, dass Männchen und Weibchen ein Leben lang zusammenbleiben. Solche treuen Ehepaare gibt es zum Beispiel bei Pinguinen, Papageien, Dohlen, Graugänsen, Schwänen, unter den Fischen bei Buntbarschen und unter Säugetieren bei Bibern sowie den Affenarten Lar und Celebes-Koboldmaki.

Wie viele Füße hat der Tausendfüßler?

Tausendfüßler haben nicht ganz so viele Füße, wie der Name sagt, und von Art zu Art auch unterschiedlich viele. Der Rekord liegt bei 355 Beinpaaren, also 710 Füßen. Tausendfüßler bieten ein Beispiel für die Fantasie, die selbst die niedrigen (wirbellosen) Tiere beim Erfinden von Fortbewegungsarten an den Tag legen. Sie kriechen, hangeln sich an Spinngeweben weiter, schwimmen, fliegen und schrecken vor keinem Hindernis zurück. Manche Wirbellose gehen sogar so weit, ganz normal auf ihren Füßen zu laufen ...

Gibt es schwangere Väter?

Bei fast allen Tierarten bringen die Weibchen ihre Jungen zur Welt. Aber auch hier – wie überall in der Natur – gibt es Ausnahmen. Zwar stammen die Eier immer vom Weibchen (sonst wäre es ja kein Weibchen), doch in manchen Fällen übernehmen es die Männchen, die Eier bei sich zu tragen und die Jungen schlüpfen zu lassen.

Das Seepferdchenweibchen zum Beispiel legt seine Eier in die Brusttasche des Männchens, das dann zehn

Tage lang schwanger ist, bis es die Jungen zur Welt bringt. Der Darwin-Nasenfrosch schnappt sich die frisch gelegten Eier mit dem Maul und bewahrt sie im Stimmsack auf, bis sie schlüpfen. Bei dieser Art von Geburt hüpfen dem Vater die jungen Frösche aus dem Maul. Ein Maulbrüter ist auch der Afrikanische Buntbarsch. Schwanger wider Willen wird hingegen das Männchen der handtellergroßen Amerikanischen Riesenwanze. Das Weibchen klebt dem Männchen die frisch gelegten Eier auf den Rücken. Sosehr sich der Vater auch wehrt und versucht, die Brut abzustreifen – er muss die Eier bis zum Schlüpfen der jungen Riesenwanzen auf seinem Rücken mitschleppen.

Welche Väter bringen die größten Opfer für ihre Jungen?

Vier Monate lang stehen bei den Kaiserpinguinen die Männchen in riesigen Gruppen fast unbeweglich in Eis und Schnee. Jedes Männchen hält ein Ei zwischen Bauch und Füßen und bebrütet es. Regelmäßig dürfen Pinguine, die am Rand standen, ins Innere der Gruppe wechseln, wo es nicht ganz so kalt ist. Das ist während der Brutzeit ihre ganze Bewegung. Die Weibchen, die das Ei gelegt haben, jagen und fressen währenddessen so viele Fische wie nur möglich. Kurz vor dem Schlüpfen der Jungen kehren die Mütter zu den Vätern zurück, um das Junge zu füttern. Dabei würgt die Mutter Nahrungsbrei aus dem vollen Magen hoch. Die abgemagerten Väter hingegen haben nun ihre Pflicht getan und watscheln mit letzter Kraft zum Meer, um sich endlich wieder eine tüchtige Mahlzeit zu besorgen.

Auch beim Emu, einer Straußenart, besorgen Väter das Brutgeschäft, ohne sich um Hunger oder Durst zu kümmern. Zwei Monate lang bebrütet das Emu-Männchen die Eier, ohne zu fressen oder zu trinken. Dabei magert es etliche Kilogramm ab. Trotzdem kümmert es sich nach dem Schlüpfen weiterhin aufopfernd um die Küken.

Verteidigen alle Tiere ihre Jungen?

Tiereltern, die sehr viele Junge bekommen, kümmern sich meistens nicht sonderlich um sie. Für den Fortbestand der Tierart reicht es aus, wenn zumindest einige von ihnen überleben. Tiere mit wenigen Nachkommen jedoch sorgen sich oft um jedes einzelne Baby. Und sie sind häufig auch bereit, sich in Todesgefahr zu begeben und zu sterben, um ihren Kindern zu helfen. Wollen Wilderer zum Beispiel ein Gorillababy fangen, rotten sie dabei ganze Gorillafamilien aus. Denn erwachsene Gorillas würden nie davonlaufen, wenn ein Junges in Gefahr ist. Der Flussregenpfeifer, ein heimischer Vogel, beschützt seine Küken, indem er Feinde weglockt. Er flattert lahm am Boden herum, und zwar immer ganz knapp außer Reichweite der Feinde. Hunde oder Katzen halten ihn für eine leichte Beute und folgen ihm. Hat er sie weit genug von seinen Küken weggelockt, wird aus dem armseligen „Invaliden“ wieder ein kräftiger Vogel, der dann fröhlich auf und davon fliegt.

Wie schützen Tiere ihre Jungen?

Wenn junge oder auch verletzte Tiere vor Feinden nicht flüchten können, so schließen sich die Artgenossen oft zu Gruppen zusammen und beschützen ihre kleinen, schwachen oder kranken Gefährten.

Wenn sich zum Beispiel ein Hai an ein Delfinbaby heranmacht, werden aus Delfinen gefährliche Kampfmaschinen. Sie bleiben in der Gruppe, kreisen den Eindringling ein und rammen ihn so lange von allen Seiten, bis er tot ist. Elefanten und Büffel nehmen bei Gefahr ihre Jungen in die Mitte und bilden einen lebenden Wall gegen die Angreifer. Diese Taktik ist bei natürlichen Feinden sehr erfolgreich: Kein Wolf würde es wagen, sich einer zur Verteidigung entschlossenen Gruppe von Moschusochsen zu nähern. Menschliche Jäger haben es sich jedoch immer wieder zu Nutze gemacht, dass diese mächtigen Tiere weder angreifen noch fortlaufen. Mit Gewehren konnte man auf diese Weise ein Tier nach dem anderen niederschießen. Auch Vögel wie Kiebitze oder Dohlen lassen ihre Gefährten nicht im Stich. Sie umschwärmen Raubvögel so lange laut kreischend und in tollkühnen Flugmanövern, bis der Räuber die Nerven verliert und das Weite sucht. Dohlen greifen sogar Menschen an, wenn sie glauben, einer ihrer Gefährten sei bedroht. Schwenkt jemand in der Nähe eines Dohlenschwarms ein schwarzes Tuch, so sollte er darauf gefasst sein, dass sich die Vögel in Gruppen auf ihn stürzen. Sie würden das flatternde schwarze Tuch für eine verletzte Dohle halten und alles daransetzen, den „Feind“ zu vertreiben.

Helfen Tiere ihren kranken Gefährten?

Viele gesellige Tiere wie etwa Kojoten und Afrikanische Windhunde erkennen, wann Gefährten verletzt oder krank sind, und teilen ihre Jagdbeute mit ihnen – was sie mit gesunden Artgenossen nie tun würden. Auch unter Löwinnen (nicht aber unter männlichen Löwen) gibt es diese Art von Kameradschaft. Und auch die berüchtigte Vampirfledermaus lässt Artgenossen nicht im Stich. Kann ein kranker Vampir nächtens nicht selbst auf Jagd nach Blut gehen, so helfen ihm seine Gefährten aus und spenden ihm von Maul zu Maul mitgebrachtes Blut. Von Walen und Delfinen weiß man, dass sie kranke Artgenossen stützen und mit dem Kopf über Wasser halten, um sie vor dem Ertrinken zu bewahren. Selbst manchen Menschen sollen Delfine schon das Leben gerettet haben, indem sie Schiffbrüchige über Wasser hielten oder zur Küste schleppten.

Können Tiere trauern?

Die meisten Tiere scheint der Tod ihrer Artgenossen nicht weiter zu bekümmern. Elefanten oder Menschenaffen jedoch spüren offenbar, was der Tod bedeutet. Jedenfalls zeigen sie manchmal ein Verhalten, das man nur als tiefe Trauer deuten kann. Die berühmte Schimpansenforscherin Jane Goodall erzählt die rührende Geschichte vom Schimpansen Flint, der den Tod seiner Mutter nicht überwinden konnte. Flint starb nach drei Wochen tiefsten Kummers; und zum Sterben suchte er jenen Platz auf, an dem auch seine Mutter gestorben war.

Wenn ein Elefant sterbenskrank ist, so wird er von seinen Gefährten betreut und gestützt; wenn er stürzt, so versuchen sie, ihn wieder aufzurichten. Gibt er jedoch längere Zeit keine Lebenszeichen mehr von sich, stellen sich die Mitglieder der Herde wie bei einer Totenwache mehrere Tage lang um ihn auf; schließlich bedecken sie den Kadaver mit Erde und Laub und ziehen weiter.

Wie intelligent sind Menschenaffen?

Bei Intelligenztests scheinen Gorillas der Intelligenz von siebenjährigen Kindern recht nahe zu kommen. Doch solche „Intelligenzmessungen“ können schon bei Menschen sehr irreführend sein, bei Tieren sind sie sogar ziemlich nichts sagend: Gemessen werden nämlich Fähigkeiten, die manchen Menschen (jenen, die Intelligenztests ausarbeiten) sehr wichtig erscheinen, die aber für verschiedene Tiere völlig nutzlos sein können. Vielleicht sind Gibbonaffen beim Austüfteln von Wegstrecken durch Baumkronen zehnmal intelligenter als Menschen? Und Walrosse hundertmal klüger beim Unterscheiden von Muscheln und Steinen, die am Meeresgrund liegen? Wie soll man die intelligenten Zeichen von Tieren deuten, die im Grunde eine völlig andere Denkweise und Sprache haben als wir?

Erkennen sich Tiere im Spiegel?

Bei Schimpansen und Gorillas haben Forscher folgenden Versuch gemacht: Man hat schlafenden Tieren einen weißen Fleck auf die Stirn gemalt. Später ließ man die Affen in einen Spiegel blicken. Schimpansen und Gorillas, auch untrainierte Tiere, griffen sich verwundert an den Kopf. Daraus lässt sich schließen: Die Tiere wussten, dass sie selbst es waren (und nicht andere Affen), die sie da im Spiegel sahen. Sie haben also im Gegensatz zu anderen Tieren ein Bewusstsein von sich selbst: Sie wissen, dass es sie gibt. Hunde hingegen wissen mit ihrem Spiegelbild überhaupt nichts anzufangen, aber auch nicht mit den Bildern anderer Hunde. Sie müssen ihre Artgenossen schon beschnüffeln können.

Viele Forscher halten Delfine und Wale für jene Tiere, deren geistige Fähigkeiten der menschlichen Intelligenz am nächsten kommen. Allerdings ist es weitaus schwieriger, mit Delfinen zu „sprechen“ als mit den uns verwandtschaftlich viel näher stehenden Menschenaffen.

Gibt es eine Sprache, die Menschen und Tiere verstehen?

Die enge Verwandtschaft zwischen Menschen und Menschenaffen hat viele Forscher gereizt herauszufinden, ob Schimpansen, Gorillas und Orang-Utans menschliche Sprachen erlernen können. Dazu hat man Babyschimpansen wie Menschenbabys in ausschließlich menschlicher Umgebung und ohne Kontakt mit Artgenossen aufgezogen. Allerdings stellte sich bald heraus, dass der Sprechapparat (Kehlkopf) von Schimpansen einfach keine Wörter bilden kann. Viel erfolgreicher waren dann Versuche, Menschenaffen die Taubstummensprache beizubringen. Dabei werden Wörter mit

Handbewegungen (und nicht mit Lauten) ausgedrückt. Die berühmte Schimpansin Washoe brachte es nach fünf Jahren Unterricht auf 130 Wörter, die sie zu ganzen Sätzen kombinieren konnte. Washoe war in der Lage, bestimmte Wünsche zu äußern, mitzuteilen, ob sie traurig war oder froh, und sie konnte sogar Besucher beschimpfen! Sich selbst hält Washoe übrigens für einen Menschen.

Noch weiter fortgeschritten ist die Verständigung zwischen dem Gorillaweibchen Koko und ihrer menschlichen Lehrerin. Koko kennt tausend Wörter aus der Taubstummensprache, von denen sie die Hälfte regelmäßig verwendet. Koko hat zum Beispiel zwei verschiedene Wörter für „Katze“: eins für jede beliebige Katze und eins für ihr eigenes Kätzchen, das sie sehr lieb hat. Kokos Kätzchen heißt übersetzt „weiche, gute Katze“. Auch weiß Koko, dass sie kein Mensch, sondern ein Gorilla ist, genauer gesagt „gutes Tier Gorilla“. Da wundert man sich auch nicht mehr, wenn man erfährt, dass Koko sogar lügen kann.

Verstehen Papageien, was sie sagen?

Graupapageien sind die sprachbegabtesten Tiere überhaupt. Jedoch ist man allgemein der Meinung, dass sie nur einfach so daherplappern oder Kommandos ausführen. Neue Forschungen zeigen aber, dass man Papageien auch dazu bringen kann, Gegenstände richtig zu benennen. Wenn das so stimmt, dann kann ein Papagei also doch eine geistige Verbindung zwischen einem Ding und einem Wort herstellen; er weiß, was er sagt. Auf jeden Fall ist das Sprachgedächtnis von Papageien verblüffend genug. Sie können bis zu 300 Wörter in ihren Sprachschatz aufnehmen und auf Geheiß wiedergeben.

Energie

Was ist eigentlich Energie?

Energie ist die Fähigkeit, etwas zu verändern: die Temperatur von Körpern zum Beispiel oder ihre Lage oder ihre magnetischen Eigenschaften. Techniker sagen: Energie ist die Fähigkeit, Arbeit zu verrichten. Was Energie ist, verstehen wir besser, wenn wir uns überlegen, was Energie alles bewirkt. Möchten wir Wasser zum Kochen bringen, müssen wir ihm Energie (in Form von Wärme) zuführen. Wir bewirken eine Veränderung im Wasser. Seine Temperatur steigt, weil die zugeführte Wärmeenergie die Bewegung der kleinsten Wasserteilchen (der Moleküle) beschleunigt.

Ebenso benötigen wir Energie, wenn wir einen Gegenstand aufheben. Auch hier wird etwas verändert: die Lage des Gegenstandes. Energie überwindet die Schwerkraft und die Trägheit.

Früher hatten die Menschen als Energiequelle nur ihre eigenen körperlichen Kräfte – oder vielleicht die Kräfte der Haustiere. Tatsächlich kann man mit Körperkraft Hitze erzeugen, indem man zum Beispiel die Hände aneinander reibt. Die erste äußere Energiequelle, die sich Menschen zu Nutze machten, war die Energie von Feuer. Alles, was man anfangs mit Feuer machen konnte, war, Essen zu kochen und die Behausung zu heizen. Heute stehen uns Menschen Energiequellen zur Verfügung, die unsere eigenen Kräfte millionenfach übersteigen. Wir brauchen nicht mehr nur mit Feuer zu kochen, wir können mit Kränen tausend Tonnen heben, mit Raketen durchs Weltall fliegen und Millionenstädte bauen.

Weshalb müssen wir mit Energie sorgsam umgehen?

Die Natur hat viele Millionen Jahre gebraucht, um die Energie des Sonnenscheins in Form von Kohle, Erdöl und Erdgas im Inneren der Erde zu speichern. Wenn wir diese Vorräte plündern, rauben wir unseren Nachkommen unersetzliche Schätze. Und genau das tun wir wirklich: Die Menge an Erdöl und Kohle, die die Erde in einer Million Jahre erzeugt hat, verbrauchen wir Menschen in einem einzigen Jahr!

Zugleich bringen wir damit das empfindliche Energiegleichgewicht auf der Erde durcheinander. Denn normalerweise ist das Verhältnis der einstrahlenden Sonnenenergie zu jener Energie, die zurück in den Weltraum gestrahlt wird, ausgewogen; die Temperaturen auf der Erde sind so, dass Menschen, Tiere und Pflanzen gut damit zurechtkommen – kein Wunder, wir haben uns ja im Laufe der Erdgeschichte an genau diese Verhältnisse gewöhnt.

Wenn wir nun aber die Energievorräte plündern und verbrennen, so entstehen Gase, die verhindern, dass überschüssige Sonnenenergie in den Weltraum zurückstrahlt. Unser Planet wird immer wärmer. Man nennt das „Treibhauseffekt". (In einem Treibhaus wird mehr Sonnenwärme eingefangen als wieder abstrahlen kann.) Dieser Treibhauseffekt kann das Weltklima so durcheinander bringen, dass sich Wüsten ausbreiten, gewaltige Stürme entstehen und das Eis der Pole schmilzt; der Meeresspiegel würde sich dann heben, und viele Küstengebiete würden überflutet.

Woher kommt die Energie?

Alle Energie, die Menschen, Tiere und Pflanzen auf der Erde zum Leben brauchen, stammt ursprünglich aus der Sonne. Man kann sich die Sonne als ein ungeheures Kraftwerk vorstellen, das ständig Energie ausstrahlt. Dieses Kraftwerk wird von Atomreaktionen im Inneren der Sonne betrieben. Bei solchen „Kernfusionen" (Kernverschmelzungen) wird Masse (Materie) in Energie verwandelt. Dieses Kraftwerk ist nahezu unerschöpflich – aber auch nur nahezu: In ein paar Milliarden Jahren wird unserer Sonne der „Treibstoff" ausgegangen sein, und damit wird auch auf der Erde alles Leben erlöschen. Bis dahin jedoch wird die Sonne unfassbare Energiemengen in den Weltraum verschleudern. Einen winzigen Bruchteil davon bekommt die Erde als Licht und Wärme ab. Dieser Bruchteil reicht aus, um Leben zu ermöglichen.

Was hat ein Holzfeuer mit Sonnenenergie zu tun?

Energie geht niemals verloren; sie kann aber ihre Form (oder ihre Verpackung) ändern, und sie kann gespeichert werden. Pflanzen brauchen Licht, um wachsen zu können; sie verwandeln Sonnenenergie und speichern sie. Als Nahrungsmittel sind sie dann eine Energiequelle für die Menschen und Tiere, die diese Pflanzen verzehren – und die darin steckende Energie wiederum verwandeln, zum Beispiel in Muskelkraft.

Aber auch wenn wir einen Holzstoß entzünden, wird

beim Verbrennen Energie frei, die zunächst einmal von der Sonne stammt. So gesehen sind auch Kohle, Erdöl und Erdgas gespeicherte Sonnenenergie. All diese Brennstoffe bestehen aus den Überresten von Tieren und Pflanzen, die vor vielen Millionen Jahren gelebt haben und sich durch den Druck und die Hitze im Erdinneren in eben diese Brennstoffe verwandelt haben.

Wie kann man Energie messen?

So wie man Entfernungen in Millimetern, Metern, Kilometern angibt, so misst man Energiewerte in Joule (gesprochen: dschul), benannt nach dem englischen Physiker James Joule. Ein Joule ist eine winzige Energiemenge. Die Energie, die eine Kanne mit heißem Kaffee beim Abkühlen an die Umgebung abgibt, beträgt zum Beispiel 100 000 Joule. Bequemer ist es daher, mit Kilojoule/kJ (1 000 Joule) oder Megajoule/MJ (eine Million Joule) zu rechnen.

Ein Teelöffel Zucker hat beispielsweise einen Brennwert von 150 Kilojoule; ein Liter Milch von 2 800 Kilojoule; ein Kilogramm Erdöl von 44 Megajoule; die erste Atombombe hatte eine Energie von 84 Millionen Megajoule. Um die von der Sonne jährlich gelieferte

Energie in Joule zu bestimmen, müsste man eine 10 mit 35 Nullen schreiben. Man kann sich diese Mühe sparen, indem man schreibt: 10^{35} J und sagt: 10 hoch 35 Joule. Die hochgestellte Zahl bezieht sich auf die Anzahl der Nullen.

Was sind Kalorien?

Früher hat man den Energiewert in der Maßeinheit Kalorie angegeben. Eine Kalorie ist die Energie, die nötig ist, um ein Gramm Wasser um ein Grad Celsius zu erwärmen.

Verschiedene Lebensmittel haben verschiedene Brennwerte (wenn wir sie verdauen, liefern sie uns Energie). Ein Erwachsener sollte täglich Nahrung mit einem Brennwert von etwa 3000 Kalorien zu sich nehmen – es sei denn, er verrichtet schwere körperliche Arbeit und verbraucht dadurch mehr Energie; dann muss er mehr essen.

Heute gibt man Energiewerte von Brennstoffen und von Nahrungsmitteln mit Joule an. Eine Kalorie entspricht ungefahr 4000 Joule oder 4 Kilojoule.

Was ist potenzielle Energie?

Ein Stein, den man aufhebt und in der Hand hält, „hat" zweifellos Energie; schließlich hat es Energie gekostet, ihn hochzuheben – und sein Gewicht zieht den Stein auch „energisch" nach unten. Wir sagen, der Stein besitzt „potenzielle" Energie. *Potenziell* kommt aus dem Lateinischen und heißt so viel wie: möglich, zu etwas fähig.

Diese potenzielle Energie ist sozusagen in diesem Stein gespeichert – solange er hochgehalten wird.

Lässt man ihn fallen, verwandelt sich die potenzielle Energie in so genannte „kinetische" Energie, in Bewegungsenergie. Das griechische Fremdwort *kinetisch* bezieht sich auf Sachen, die mit Bewegung zu tun haben. (Im „Kino" – dieselbe Wortwurzel wie kinetisch – bewegen sich die Bilder.)

Wie viele Pferdestärken hat ein Mensch?

Wenn man angeben will, wie viel Energie in einer bestimmten Zeit umgesetzt werden kann, verwendet man die Maßeinheit Watt. Watt ist also das Maß für Leistung. Man braucht ja zum Beispiel, um vom ersten in den zweiten Stock eines Hauses zu gelangen, eine ganz bestimmte Menge Energie; aber je schneller man nach oben läuft, desto größer ist die Leistung.

Früher hat man Leistung in Pferdestärken oder PS angegeben. Ein PS beträgt umgerechnet 735 Watt, das sind ungefähr drei viertel Kilowatt/kW. Bei normalen Tätigkeiten leistet ein Mensch etwa 100 Watt – so viel wie eine starke Glühbirne. Sein Herz schlägt dabei mit einer Leistung von 3 Watt – so viel, wie eine kleine Taschenlampe bringt. Auf PS umgerechnet, hat ein durchschnittlicher Mensch etwas mehr als ein Siebtel PS; ein durchtrainierter Sportler kann jedoch mehr als ein halbes PS leisten.

Trotz der – im Vergleich zu Maschinen – geringen körperlichen Leistung waren Menschen der Frühzeit im Stande, gewaltige Bauwerke zu errichten. Die Cheopspyramide in Ägypten wurde ohne Maschinen aus sechs Millionen Tonnen Stein gebaut; möglich war so etwas nur in einer Sklavengesellschaft, in der Menschen wie Maschinen behandelt wurden.

Heute vervielfachen Maschinen die menschliche Arbeitskraft. Ein kleiner Traktor mit 50 Kilowatt (50 kW sind 50 000 Watt) bringt mehr Leistung als hundert Kraftsportler oder dreißig Ochsen. Ein Düsenflugzeug hat etwa 6 Megawatt/MW, das sind 6 000 Kilowatt.

Wie kann aus Kohle Licht werden?

Einem Menschen des Mittelalters müsste es wie pure Zauberei erscheinen, wenn sich jemand anschicken wollte, aus Kohle Licht zu erzeugen – oder mit Erdöl einen Wagen zu bewegen. Doch der Zauber besteht bloß darin, gespeicherte Energie zu nutzen und eine Energieform in eine andere zu verwandeln.

Kohle wird verbrannt; dabei wird die in der Kohle gespeicherte Sonnenenergie in Hitze verwandelt. Die Hitze lässt Wasser verdampfen; die Bewegungsenergie des sich mit ungeheurer Kraft ausdehnenden Dampfes überträgt sich auf die Schaufelräder von Turbinen, die damit in Bewegung gesetzt werden. Diese Bewegungsenergie wird im Stromgenerator in elektrische Energie umgewandelt; die elektrische Energie fließt durch den Draht der Glühbirne, der Draht wird heiß (Wärmeenergie) und beginnt zu glühen; ein Teil der Hitze des Drahtes wird als Lichtenergie abgestrahlt.

Beim Autofahren wird die im Erdöl gespeicherte potenzielle Energie durch den Motor direkt in Bewegungsenergie umgesetzt; dabei wird jedoch der größte Teil der Energie als Wärmeenergie unnütz verpufft. Der Kühler eines Automotors dient im Grunde dazu, die erzeugte Hitze möglichst schnell an die Umgebung abzugeben.

Wie kann man potenzielle Energie nutzen?

Ein wichtiges Beispiel dafür, wie man potenzielle Energie nutzen kann, ist der Staudamm eines Kraftwerks. Hinter der Staumauer wird Wasser aufgestaut und künstlich auf einer bestimmten Höhe gehalten. Ein Staudamm speichert Wasser, aber in Wirklichkeit geht es um die potenzielle Energie des vom Damm zurückgehaltenen Wassers.

Lässt man nämlich das Wasser gezielt über Kanäle abfließen und eine Turbine antreiben, so verwandelt man die potenzielle Energie in Bewegungsenergie. Je schneller sich das Wasser bewegt und durch die Turbinen schießt, desto mehr Energie wird frei.

Potenzielle Energie besitzt auch eine zusammengedrückte Feder oder die gespannte Sehne eines Bogens. Lässt man Feder oder Sehne los, verwandelt sich potenzielle Energie in kinetische Energie. Die Feder hüpft weg, die Sehne setzt einen Pfeil in Bewegung.

Was ist ein Perpetuum mobile?

Seit sich Menschen mit dem Geheimnis der Energie beschäftigen, versuchen sie, Energie mit möglichst wenig Aufwand zu gewinnen. Am schönsten wäre es natürlich, Energie aus nichts zu erzeugen – eine Maschine zu bauen, die Energie aus sich selbst heraus produziert. So eine Maschine nennt man „Perpetuum mobile". Das ist lateinisch und meint: etwas, was sich fortwährend bewegt – ohne dass es mit Energie gefüttert werden müsste. Ein derartiges Perpetuum mobile würde natürlich alle Energieprobleme der Menschheit lösen. Leider funktioniert es nicht, wie auch die pfiffigsten Erfinder immer wieder feststellen mussten.

Ein bekanntes Beispiel für so eine Maschine ist die Getreidemühle, die der Engländer Robert Fludd vor 400 Jahren konstruiert hat. Seine Wassermühle sollte von immer derselben Wassermenge angetrieben werden. Das Wasser, stellte sich der Erfinder vor, sollte das Mühlrad antreiben, das Mühlrad sollte den Mühlstein drehen, aber zugleich sollte der Mühlstein das Wasser wieder hochpumpen, damit es das Mühlrad neuerlich antreibt. Schön ausgedacht – doch es ging einfach nicht.

Warum kann ein Perpetuum mobile nicht funktionieren?

Energie kann man im Grunde nicht „erzeugen". Man kann lediglich potenzielle (gespeicherte) Energie befreien, indem man zum Beispiel einen hochgehobenen Stein fallen oder das Wasser eines Staudammes abfließen lässt. Und man kann eine Energieform in eine andere verwandeln: Bewegungsenergie in elektrische Energie (im Stromgenerator) oder elektrische Energie in Wärme- und Lichtenergie (in der Glühbirne) oder Sonnenenergie in elektrische Energie (in Solarzellen) oder chemische Energie in Wärme (beim Verbrennen von Kohle) und so weiter.

Die Summe der Energie insgesamt jedoch bleibt immer gleich. Das erste Energiegesetz sagt: Energie geht niemals wirklich verloren. Auch wenn beim Autofahren ein Teil der im Benzin gespeicherten Energie nicht in Bewegungsenergie übertragen, sondern als Wärme abgegeben wird, so erhitzt ein fahrendes Auto doch das Kühlwasser, und diese Hitze erwärmt die Umgebung. Auch hier wird Energie verwandelt – ungewollt allerdings, denn natürlich wäre es besser, mehr Energie in Bewegung als in nutzlose Hitze umzusetzen. Energie geht nie verloren, aber sie entsteht auch nicht aus nichts. Es gibt keine Maschine, aus der mehr herauskommt, als in irgendeiner Form hineingesteckt wird. Deshalb werden Erfinder, die ein Perpetuum mobile konstruieren wollen, heute nicht mehr ernst genommen.

Wohin verschwindet die Energie des Hochspringers?

Wenn die Summe der Energie immer gleich bleibt und nie verloren geht, dann müssten wir eigentlich in einem Schlaraffenland der Energie leben, und es wäre Unsinn, Energie zu sparen. Leider stimmt das so nicht. Es gibt nämlich ein zweites Energiegesetz. Und das lautet: Die Umwandlung von einer Energieform in eine andere Form läuft immer nur in einer Richtung, man kann diese Richtung nicht umdrehen. Und bei jeder Umwandlung entsteht Wärme.

Stellen wir uns einen Hochspringer vor. Er hat tüchtig gegessen und ist gut in Form. Die Nahrungsenergie verwandelt er jetzt in Bewegungsenergie. Er läuft an, springt hoch – so hoch, bis seine Bewegungsenergie erschöpft ist. Am höchsten Punkt seines Sprungs, gerade oberhalb der Latte, hat er potenzielle Energie gespeichert. Jetzt fällt er auf der anderen Seite herunter – aus der potenziellen Energie ist wieder Bewegungsenergie geworden. Schließlich liegt er auf der Matte und freut sich, dass er den Sprung geschafft hat, ohne die Latte abzuwerfen. Aber was ist aus seiner Bewegungsenergie geworden? Ist die jetzt verschwunden?

Sie ist nicht verschwunden, sondern hat sich wieder verwandelt, und zwar in Wärmeenergie. Würde man die Temperatur der Matte messen, so könnte man das sehen. Die Energie ist als Wärme vorhanden und würde eigentlich ausreichen, um den Hochspringer wieder hochzuschleudern. Aber das geht nicht. Für uns ist diese Energiemenge verloren. Wir können den Prozess des Energieaustausches nicht umkehren – so wenig, wie wir den Lauf der Zeit umkehren können.

Was ist der Wirkungsgrad?

Je weniger unerwünschte Wärmeenergie eine Maschine erzeugt, desto wirtschaftlicher arbeitet sie. Ein Fahrrad zum Beispiel setzt 95 Prozent der Körperkraft in Bewegungsenergie um; nur 5 Prozent der Energie gehen als Wärme verloren – und zwar durch die Reibung der Kugellager in den Achsen, durch die Reibung des Kettenantriebs und zwischen Reifen und Straße. Dieses Verhältnis zwischen Energieeinsatz und Energieausbeute nennt man „Wirkungsgrad“. Wenn ein Fahrrad also einen Wirkungsgrad von 95 Prozent hat, so hat ein Auto einen Wirkungsgrad von 20 bis 25 Prozent. Nur ein Viertel oder ein Fünftel der eingesetzten Energie wird für die Fortbewegung genutzt, der Rest geht als Abwärme verloren.

Welches Fahrzeug braucht am wenigsten Energie?

Wenn man die Wirtschaftlichkeit eines Fahrzeuges berechnet, so muss man immer auch bedenken, wie viele Fahrgäste es transportiert. Denn die aufgewendete Energie kommt ja allen Mitreisenden zugute.

Die Energie, die für eine gewisse Strecke aufgewendet werden muss, wird also durch die Anzahl der beförderten Fahrgäste geteilt. Heraus kommt bei dieser Rechnung die so genannte „Transportleistung“. Bei einem Fahrrad beträgt die Transportleistung auf einem Kilometer 50 Kilojoule. Gleich dahinter kommt – mit

100 Kilojoule – die Eisenbahn. Ein Zug benötigt zwar sehr viel Energie, kann aber auch eine große Zahl von Fahrgästen befördern. Die Eisenbahn ist damit das wirtschaftlichste Verkehrsmittel für längere Strecken; Zugreisende verbrauchen pro Person nur doppelt so viel Energie wie ein Fahrradfahrer. Ein Autobus hat eine Transportleistung von 150 Kilojoule pro Kilometer, ein Auto hingegen schon 750 Kilojoule. Flugreisende in einem großen Flugzeug verbrauchen 900 Kilojoule. Am meisten Energie verbraucht ein Motorradfahrer: 1000 Kilojoule – zehnmal so viel wie ein Radfahrer. Bei all diesen Rechnungen muss man natürlich bedenken, dass ein Radfahrer als Brennstoff kein Benzin verwendet, sondern die Lebensmittel, die er gegessen hat und deren Energie er – teilweise – in Bewegungsenergie verwandelt.

Energie aus Wasser

Was hält den Wasserkreislauf im Gang?

Die ursprüngliche Quelle für die gesamte Energie auf unserer Erde (ausgenommen die Atomkraft) ist die Energie der Sonne. Die Strahlung der Sonne lässt (als Wärme) Wasser verdunsten und als Wolken aufsteigen. Und die Sonnenwärme ist auch verantwortlich dafür, dass Winde wehen und die Wolken über tausende von Kilometern transportieren. Die Schwerkraft lässt das Wasser (bei Regen und Schnee) wieder zurückströmen auf die Erde.

Was ist der Kreislauf des Wassers?

Wasser ist eine der Lebensgrundlagen unserer Erde. Die Erdoberfläche besteht zu mehr als zwei Dritteln aus Wasser. Auch alles Lebendige selbst ist zu einem guten Teil Wasser – der menschliche Körper zum Beispiel zu 65 Prozent. Gewaltige Wassermengen sind an den Polkappen zu Eis gefroren. Ein großer Teil des Wassers ist unaufhörlich in Bewegung: Es verdunstet über offenen Gewässern, sammelt sich in Wolken, regnet oder schneit ab und fließt in Bächen, Flüssen und Strömen wieder direkt dem Meer zu. Oder es versickert in der Erde, sammelt sich unterirdisch und tritt in Quellen erneut an die Oberfläche, wo es in Flüsse mündet. Nur etwa ein Zwanzigstel des Regenwassers wird von Lebewesen direkt aufgenommen und verwertet.

Warum ist Süßwasser so kostbar?

Nur ein ganz geringer Teil des Wassers, das es auf der Erde gibt, ist Süßwasser. 97 Prozent sind Meerwasser und salzig. Es kann nicht getrunken werden und ist auch für die Bewässerung von Feldern unbrauchbar. Das Meerwasser ließe sich zwar auf verschiedene Weise entsalzen, doch sind all diese Verfahren aufwändig und kostspielig. Selbst von den übrigen drei Prozent Süßwasser lässt sich nur ein Bruchteil als Trinkwasser oder zur Bewässerung oder für die Industrie verwenden. Drei Viertel des Süßwassers auf der Erde befinden sich gefroren in den polaren Eiskappen und Gletschern. Bleibt also nicht einmal ein Prozent des Wassers auf der Erde für den Bedarf von Menschen, Tieren und Pflanzen. Auf einfache Weise kann Süßwasser nur aus dem Grundwasser (wo sich das versickernde Wasser sammelt) und aus Flüssen und Seen gewonnen werden. Dieser kostbare Schatz wird allerdings durch giftige Abwässer aus Industrie und Landwirtschaft immer mehr bedroht. In den meisten Gegenden Zentraleuropas kann man das Brunnenwasser gar nicht mehr trinken, ohne krank zu werden. Das Trinkwasser für Städte wird daher oft über hunderte von Kilometern aus weniger verseuchten Gebieten herangeschafft.

Wie könnte man Süßwasser in wasserarme Gebiete schaffen?

In Australien, in denen weite Gebiete von Trockenheit geplagt werden, hat man eine Methode entwickelt, vorüberziehende Wolken zu „melken“. Dabei streuen Flugzeuge in den Wolken winzige Kristalle einer chemischen Substanz (Silberjod) aus. Durch den Kontakt mit diesen Kristallen vergrößern sich die Wassertröpfchen in den Wolken so, dass sie schwer genug sind, um als Regen zur Erde zu fallen. Diese Methode wird nur eingesetzt, wenn durch die Trockenheit schwere Schäden drohen. Denn dieser „künstliche Regen“ kann sehr heftig werden und doppelte oder dreifache Wassermengen niedergehen lassen.

Die Insel Gran Canaria, eine der Kanarischen Inseln, hat für ihre zahlreichen Touristen viel zu wenig Wasser. Dort überlegt man sich, einen Wassersupertanker einzusetzen. Dieses Schiff, ein ehemaliger Erdölsupertanker, soll zwischen der regenreichen Insel Madeira und Gran Canaria hin- und herfahren und dabei jedes Mal einige Millionen Liter Trinkwasser herbeischaffen.

Es gibt auch Pläne, nach denen Eisberge dorthin geschleppt werden sollen, wo Süßwasser gebraucht wird. Eisberge sind gewaltige gefrorene Süßwassermassen, die sich in Gebieten um den Nord- und Südpol gebildet haben. Sie sind oft so riesig, dass während der langsamen Fahrt über die Meere ruhig die Hälfte abschmelzen könnte. Ein einziger Eisberg könnte dann noch immer eine Millionenstadt viele Monate lang mit Trinkwasser versorgen.

Wie kann man Meerwasser entsalzen?

Die einfachste Methode, Meerwasser zu entsalzen, besteht darin, die Natur nachzuahmen. In der Natur wird Salzwasser entsalzt, indem es zum Verdunsten gebracht wird; das Salz bleibt im Meer, und der Regen ist salzfrei. Dasselbe kann man auch mit Maschinen machen: Meerwasser wird erhitzt; es verdampft; der Dampf wird abgekühlt und ist wieder Wasser – diesmal jedoch Süßwasser. Um größere Wassermengen zu entsalzen, braucht man allerdings riesige Mengen Energie. Im Nahen Osten, wo sehr viel Trinkwasser aus Meerwasser gewonnen wird, setzt man dazu Erdöl ein, das man dort praktisch umsonst hat. Für andere Länder wäre das viel zu teuer.

Seit kurzer Zeit versucht man auch, Sonnenenergie direkt zur Entsalzung von Meerwasser zu benutzen. Das Prinzip dabei ist folgendes: Man überspannt einen Teich mit einem Glashaus. Im Inneren wird es sehr heiß. Das Wasser verdunstet, kann jedoch nicht in den Himmel steigen. Es kühlt am Glasdach ab, verwandelt sich in Wasser zurück und läuft am Glas entlang in Auffangrinnen.

Wie wird Strom erzeugt?

Es gibt verschiedene Wege, Strom (also die Bewegung von Elektronen) zu erzeugen. Die heute wichtigste Form der Stromerzeugung macht sich folgende physikalische Erscheinung zu Nutze: Wenn man Draht an einem Magneten vorbeiführt, so beginnt in diesem Draht Strom zu fließen. Bei einem einfachen Generator ist der Draht zu einer Spule aufgewickelt; man führt die Spule mit ihren vielen Wicklungen nun aber nicht an einem Magneten vorbei (was unpraktisch wäre), sondern dreht einen Magneten im Inneren der Spule (oder die Spule dreht sich um den Magneten; das Prinzip bleibt gleich). An den Enden des Drahtes kann man Strom abnehmen. Jetzt braucht man allerdings Kraft, will man die Sache in Bewegung setzen und halten. Man muss mechanische Kraft hineinstecken, um elektrische Kraft herauszubekommen. Beim Fahrraddynamo zum Beispiel wird der Dynamokopf durch den Reifen des Fahrrades angetrieben. Eine solche mechanische Energie liefert auch die Wasserkraft. Das Wasser stürzt aus dem Speicherbecken (dem Stausee) durch ein System von Kanälen zum Maschinenhaus, wo es mit gewaltigem Druck auf die Schaufeln der Turbine trifft und die Turbine antreibt.

Was sind Turbinen?

Turbinen sind gewaltige Kraftmaschinen zur Stromerzeugung, die fest im Fundament des Maschinenhauses verankert sind. Das Prinzip funktioniert wie beim altertümlichen Mühlrad: Strömendes Wasser setzt ein Rad in Bewegung. Eine Achse gibt diese Bewegung weiter und dreht nun allerdings keine Mühlsteine, sondern einen riesigen Generator. Moderne Wasserkraftwerke sind ausgetüftelte, hoch komplizierte Anlagen, die so gebaut sind, dass sie die Wasserkraft bestmöglich nutzen.

Zunächst stürzt das Wasser durch häuserdicke Rohre in Richtung Turbine. Der Zufluss zu diesen Rohren wird durch Schiebetore reguliert. Außerdem sichern Rechen (Stahlgitter) den Zufluss vor größeren Gegenständen, die die Turbinen beschädigen könnten. Die Rohre selbst sind mit Stahl ausgekleidet, da Beton über kurz oder lang von den Wassermassen aufgerissen würde. Vor dem Maschinenhaus verengen sich die Rohre. Dadurch fließt das Wasser noch schneller und trifft jetzt mit gewaltigem Druck auf die Schaufeln der Turbine. Die Turbine dreht sich, und mit ihr dreht sich der Generator. Je schneller sich die Turbine dreht, desto schneller läuft der Generator, und desto mehr Strom wird erzeugt.

Auch der Fahrraddynamo gibt mehr Strom bei schnellerer Fahrt, und die Lampe leuchtet deshalb heller. Das Kraftwerk kann sich auf den jeweiligen Strombedarf gut einstellen, indem es mehr oder weniger Wasser über die Turbinen laufen lässt und indem es Turbinen dazu- oder abschaltet.

Was ist ein Pumpspeicherwerk?

Normale Wasserkraftwerke verwenden die Kraft des Wassers, das vom Gebirge zum Meer hinabfließt und dabei die Turbinen antreibt. Einmal genutzt, fließt das Wasser weiter dem Meer zu.

Ein Pumpspeicherwerk jedoch arbeitet immer mit demselben Wasser. Dieses Wasser fließt zwischen zwei Speicherbecken – einem hoch gelegenen und einem tiefer gelegenen – hin und her. Das Pumpspeicherwerk funktioniert im Grunde wie eine riesige wieder aufladbare Batterie – mit dem Unterschied, dass nicht Strom gespeichert wird, sondern das Wasser, das zur Stromerzeugung dient.

Ein solches Kraftwerk liefert so genannten „Spitzenstrom". Das heißt, es wird dann zugeschaltet, wenn viel Strom verbraucht wird – etwa in der Mittagszeit, wenn zahlreiche Elektroherde in Betrieb sind. Bei diesen Verbrauchsspitzen strömt das Wasser über die Turbinen vom oberen in den unteren Speichersee.

Zu Zeiten jedoch, in denen wenig Strom verbraucht wird (zum Beispiel in den frühen Morgenstunden), pumpt das Kraftwerk das Wasser vom unteren Speichersee wieder hoch in den oberen. Dabei läuft alles genau umgekehrt: Die Turbinen arbeiten wie Pumpen und die Generatoren wie Elektromotoren, welche die Pumpen betreiben. Der Strom für diesen „Rückwärtsgang" kommt aus anderen Kraftwerken, die zu nachtschlafender Zeit mehr Strom erzeugen, als verbraucht wird.

Im Gegensatz zu den Öl- und Kohlekraftwerken, die rund um die Uhr laufen müssen, kann das Pumpspeicherwerk je nach Strombedarf ein- und ausgeschaltet werden; und es verwendet den überschüssigen Strom anderer Kraftwerke auf sinnvolle Weise.

Wie funktionieren Wärmekraftwerke?

In Wärmekraftwerken werden Brennstoff wie zum Beispiel Kohle, Erdgas oder Erdöl, verbrannt; die Hitze verwandelt Wasser in Wasserdampf, der wiederum Turbinen (und damit Stromgeneratoren) antreibt. Der Wasserdampf kühlt ab, verwandelt sich in Wasser zurück, wird wieder aufgeheizt und so weiter. In kleineren Wärmekraftwerken können auch andere Brennstoffe als die so genannten „fossilen Brennstoffe“ Kohle, Erdgas und Erdöl verheizt werden, zum Beispiel Stroh oder schnell wachsendes Holz. Diese Brennstoffe gelten als erneuerbar.

Was sind fossile Brennstoffe?

Brennstoffe, die in unendlich langen Zeiträumen vor vielleicht 200 oder 300 Millionen Jahren entstanden sind, nennt man „fossile Brennstoffe“. Im Grunde handelt es sich dabei um die Überreste von Tieren und Pflanzen, die sich durch Druck und Hitze im Erdinneren in Kohle, Erdöl und Erdgas verwandelten. Fossil (wörtlich: verknöchert) ist dabei eigentlich nur die Kohle. Doch da Erdöl und Erdgas auf ähnliche Weise entstanden sind, zählt man sie einfach dazu. Diese fossilen Brennstoffe werden auch „nicht erneuerbare Energiequellen“ genannt. Denn einmal verbrannt, sind sie verloren. (Und man muss wieder einige hundert Millionen Jahre warten.) Im Gegensatz dazu stehen die erneuerbaren Energiequellen wie Sonnenenergie, Wind- und

Wasserkraft. Sie kann man nicht verbrauchen, solange die Sonne überhaupt scheint. Erneuerbare Energiequellen sind auch Pflanzen, die man verheizen oder aus denen man brennbares Öl gewinnen kann.

Kann man auch mit Ebbe und Flut Strom erzeugen?

Zweimal täglich steigt und fällt bei Ozeanen der Wasserspiegel – in manchen Gebieten wenige Zentimeter, anderswo (wie an der französischen Atlantikküste) über zehn Meter. Dort hat man an der Mündung des Rance-Flusses das erste Gezeitenkraftwerk der Welt gebaut; die breite Flußmündung dient als natürliches Speicherbecken.

Die gesamte Bucht wurde mit einem riesigen, 700 Meter langen Staudamm abgesperrt, in den 24 Turbinen eingebaut wurden. Herrscht auf dem Meer Flut, so ist der Wasserspiegel draußen höher als auf der Seite der Bucht. Jetzt kann das Wasser durch die Röhren im Damm fließen und dabei die Turbinen antreiben. Nach und nach steigt durch diesen Zufluss auch das Wasser in der Bucht, bis schließlich der Punkt erreicht ist, wo drinnen und draußen das Wasser gleich hoch steht. Jetzt fließt kein Wasser mehr, und die Turbinen stehen, bis die Ebbe einsetzt.

Sobald der Wasserspiegel auf dem offenen Meer wieder sinkt, lässt man das Wasser aus der Stauseebucht in die umgekehrte Richtung zurückfließen. (Die Turbinen sind so gebaut, dass sie in beiden Richtungen arbeiten können.)

Es gibt auf der Welt nur sehr wenige Gezeitenkraftwerke. Der Grund dafür liegt darin, dass es nur wenige Plätze an Küsten gibt, wo man solche Kraftwerke bauen kann, ohne die Natur allzu sehr zu zerstören. Außerdem müssen die Unterschiede zwischen Flut und Ebbe recht groß sein, damit sich der Aufwand lohnt.

Der Gedanke, mit Hilfe von Ebbe und Flut Energie zu gewinnen, ist nicht neu. Schon vor über 900 Jahren wurden vor allem in England Gezeitenmühlen gebaut, die im kleinen Maßstab nach demselben Prinzip arbeiteten wie das Kraftwerk an der Rance.

Energie aus Kohle

Woraus besteht Kohle?

Alle unsere Kohlearten sind das Ergebnis eines Millionen Jahre dauernden Vorgangs, bei dem sich die Überreste von riesigen, farnartigen Gewächsen zersetzt und unter hohem Druck in Kohle verwandelt haben. Kohle besteht aus den Elementen Kohlenstoff, Wasserstoff und Sauerstoff. Die Zusammensetzung bestimmt die Art und die Qualität der Kohle. Es gibt Braunkohle (als schlechteste Kohle mit dem geringsten Heizwert), Kännelkohle, Bitumenkohle und den hochwertigen Anthrazit.

Wie konnte aus Pflanzen Kohle werden?

Der erste Schritt bei der Entstehung von Kohle ist die Verwandlung von Pflanzen in Torf. Dies ist ein Prozess, der heute noch in weiten Teilen der Welt überall dort abläuft, wo Pflanzen in sumpfigem Gebiet absterben.

Aus den vermodernden Pflanzenresten wird im Laufe von Jahrhunderten eine feste Schicht. In manchen Ländern, zum Beispiel in Irland, ist schon Torf ein wichtiger Energielieferant. Dort werden mit Torf Häuser beheizt und Kraftwerke betrieben.

Der urzeitliche Torf allerdings wurde vielfach von Sand und Schlamm bedeckt und geriet damit unter sehr starken Druck. Schließlich bildete er eine feste Schicht.

Druck erzeugt Hitze. Ein Verbrennen ist freilich nur dort möglich, wo Luft (Sauerstoff) ist. Der Torf „verkohlte" daher zu Braunkohle, welche die weichste und am schlechtesten brennende Kohle ist. Außerdem ist Braunkohle durch ihren hohen Anteil an Schwefel ein gefährlicher Luftverpester. Sie sollte deshalb, wenn überhaupt, nur in Kraftwerken mit guten Filteranlagen verbrannt werden.

Welche Kohle kommt am häufigsten vor?

Torf- und Braunkohleschichten sanken im Lauf der Jahrmillionen immer tiefer in die Erde ein; darüber wuchsen neue Wälder und bildeten, wenn sie wieder abstarben, neue Torfschichten. Unter diesem Gewicht veränderte sich die Braunkohle weiter und wurde zunehmend dichter. Eine fünfzig Meter hohe Torfschicht wurde schließlich zu einem etwa drei Meter hohen „Kohleflöz“. So nennt man die Kohle führenden Schichten in der Erde.

Aus der Braunkohle wurde die Bitumenkohle, die häufigste Kohleart auf der Erde. Bitumenkohle kann sehr verschieden, von glasig bis rußig, aussehen und tritt oft gemeinsam mit der Kännelkohle auf, die besonders leicht brennbar ist.

Wofür wird Kohle gebraucht?

Kohle wird zumeist für die so genannte „Verstromung“ gebraucht – das ist die Umwandlung der gebundenen Energie in elektrischen Strom. Kohle wird aber auch in Öfen verheizt und in der chemischen Industrie verwendet.

Wärmekraftwerke, die mit Kohle betrieben werden, stehen meistens in der Nähe der Bergwerke. Dadurch erspart man sich den Transport der Kohle. Der elektrische Strom lässt sich viel leichter und billiger durch Leitungen schicken als Kohlewaggons über Eisenbahnlinien. Allerdings wird dabei viel Abwärme vergeudet.

Die meisten Kohlekraftwerke verbrennen fein gemahlene Steinkohle. Dieser Kohlenstaub wird zusammen mit heißer Luft in Heizkessel geblasen, wo er in riesigen Flammen verbrennt. Diese Flammen können je nach Anlage vierzig Meter hoch schlagen! Es gibt Kraftwerke, die auf diese Weise pro Jahr mehr als zehn Millionen Tonnen Steinkohle verbrauchen.

Die Brennkessel sind mit Stahlrohren durchzogen, in denen Wasser in Dampf verwandelt wird – und zwar bis zu 150 Liter pro Sekunde. Der Wasserdampf wird weitererhitzt, bis die Rohre schließlich weiß glühend sind. Dieser unter höchstem Druck gehaltene überhitzte Dampf will sich weiter ausdehnen und trifft mit aller Gewalt auf die Schaufeln der Hochdruckturbine, die sich rasend schnell dreht. Der Dampf ist indessen leicht entspannt – der Druck hat etwas nachgelassen. Im Kessel wird er abermals aufgeheizt, aber nicht mehr ganz so hoch. Jetzt treibt er die Mitteldruckturbine an, die größere Schaufeln hat als die Hochdruckturbine. Denn die Wucht des Dampfes ist ja etwas geringer. Schließlich gibt der Dampf den Rest seiner Kraft beim Durchströmen der riesigen Niederdruckturbine ab. Im Kühlturm wird der Dampf dann so weit abgekühlt, dass er wieder zu Wasser wird. Die Abwärme verpufft in der Luft.

Kann man denn die Abwärme nicht besser nutzen?

Man kann kleine Kohlekraftwerke in der Nähe von Städten und Siedlungen bauen, und mit der überschüssigen Wärme (die sonst in der Luft verpuffen würde) kann man Fernheizungen betreiben. („Fernheizung" nennt man Zentralheizungen, bei denen das heiße Wasser, das die Heizkörper erwärmt, nicht im Haus erzeugt wird, sondern über lange Leitungen aus Fernheizwerken kommt.) Solche Kraftwerke, die zugleich die Häuser der Umgebung heizen, nennt man „Blockheizkraftwerke". Sie müssen erstklassige Filter haben, damit die Luft in der Umgebung nicht verpestet wird. Ihr Nachteil ist, dass die Kohle herangeschafft werden muss.

Welche Nachteile hat der Tagebau?

Kohleabbau im Tagebau kann vielen Menschen die Heimat zerstören und ganze Landstriche in unbewohnbare Wüsten verwandeln. Im rheinischen Braunkohlerevier hat man zehntausende Menschen umgesiedelt, um für die Abräummaschinen Platz zu schaffen.

Auch Friedhöfe wurden verlegt. Dörfer wurden dem Erdboden gleichgemacht und Naturlandschaften zerstört.

Allerdings versucht man heute, zerstörtes Gelände neu zu bepflanzen und die Landschaft neu zu gestalten. Das ist möglich, allerdings nicht leicht, denn es müssen Millionen Tonnen Humus aufgebracht werden, damit die Pflanzen wurzeln können.

Was kommt statt der Kohle zurück in die Erde?

Man lässt den entstandenen Hohlraum einfach einstürzen. Dies hat zur Folge, dass die Gesteinsschichten, die sich darüber befinden, nachrutschen. Bei kleineren und tief in der Erde liegenden Stollen ist die Gefahr nicht so groß. Wenn aber, wie in unseren Bergbaugebieten, ganze Netze von unterirdischen Gängen einbrechen, dann kann auch an der Oberfläche Land in Bewegung geraten und einsacken. Diese Absenkungen können schwere Schäden an Gebäuden und Straßen anrichten. Unter Städten, Flüssen und Autobahnen verzichtet man heute deshalb auf neue Bergwerke.

Wie lange wird es noch Kohle geben?

Die Kohlevorräte auf der Erde sind wie alle Bodenschätze begrenzt. (Wir sollten also sparsam mit Kohle umgehen.) Aber es wird Kohle jedenfalls noch länger geben als Erdöl und Erdgas. Man schätzt, dass die Reserven unter der Erde noch 1000 bis 3000 Jahre reichen.

Kann man denn Kohle aus dem Berg waschen?

Es scheint eine viel versprechende Methode des Kohleabbaus zu sein: Man schwemmt Kohle mit einem sehr scharfen Wasserstrahl aus dem Flöz. In verschiedenen Ländern wird schon so gearbeitet. Eine Maschine richtet im Stollen einen Hochdruckwasserstrahl auf die Kohle; die „herausgespritzte" Kohle wird im Wasserstrom weitergeschwemmt, und die ganze Wasser-Kohle-Mischung wird schließlich in Leitungen an die Erdoberfläche gepumpt. Diese Technik ist dort einfach anzuwenden, wo die Flöze geneigt sind. Sonst muss man Rohrleitungen bis zur Spritzmaschine verlegen, von wo der Kohleschlamm direkt weggesaugt wird. Bis zu zehn Tonnen Kohle kann eine solche Maschine pro Minute abbauen!

Was hat die Kohle mit dem Wetter zu tun?

Es gab Zeiten, da waren rauchende Schlote ein Zeichen für Wohlstand und Fortschritt. Heute wissen wir mehr über die Gefahren. Bei der Verbrennung von Kohle entstehen Säuren, Teerstoffe und Gase, die die Luft vergiften und die Gesundheit von Menschen, Tieren und Pflanzen gefährden. Außerdem entsteht bei der Verbrennung von Kohle das Gas Kohlendioxid. Es sammelt sich in der Luft an und lässt zwar die Strahlung der Sonne auf die Erde durch, lässt jedoch die Wärme nicht mehr in den Weltraum entweichen. Viele Forscher sind überzeugt, dass dieser Treibhauseffekt zu einer Temperatursteigerung in den Weltmeeren führen könnte. Polare Eiskappen könnten abschmelzen, es könnte zu Überschwemmungen und furchtbaren Stürmen kommen. Es ist also nicht genug, sagen Umweltschützer, den Schwefel aus den Rauchgasen zu filtern. Wir müssen überhaupt weniger Energie verbrauchen, damit wir nicht so viel Kohle nötig haben.

Energie aus Erdöl

Woraus besteht Erdöl?

Wie die anderen fossilen Brennstoffe, die Menschen zur Erzeugung von Wärme und Strom verbrennen, ist auch Erdöl unvorstellbar alt. Die ältesten Vorkommen stammen aus einer Zeit vor 600 Millionen Jahren.

Damals waren die Ozeane wesentlich größer, und viele jetzt trockene Gebiete standen unter Wasser – darunter vor allem auch jene Länder, in denen heute Erdöl gefunden wird. In diesen Meeren herrschte reges Tier- und Pflanzenleben. Abgestorbene Tiere und Pflanzen sanken viele Millionen Jahre hindurch auf den Grund der Meere. Gemeinsam mit Schichten feiner Erde bildeten sie dort Ablagerungen, die im Laufe der Zeit immer höher anwuchsen. Wie bei der Entstehung von Kohle wurden diese Massen auch hier abgedeckt und unter Druck gesetzt, worauf sich das organische Material zu verwandeln begann. Unter Schichten von Schlamm und Sand wurden die toten Tiere und Pflanzen begraben und im Laufe ungeheuer langer Zeiträume zu winzigen Erdöltröpfchen zusammengedrückt. Der Druck war so stark, dass diese Tröpfchen überall da nach oben gequetscht wurden, wo der Untergrund dicht und die Decke durchlässig war. Diesen Druck, der in Erdölvorkommen herrscht, nennt man „Lagerstättendruck".

Durch Sandstein und Kalkstein konnten sich die Erdöltröpfchen auf ihrem Weg zur Erdoberfläche durchquetschen. Oft aber stellten sich ihnen Gesteinsschichten in den Weg, die ein weiteres Vorankommen unmöglich machten. Unter diesem undurchlässigen Gestein saß das Öl in der Falle. Und alle Ausbuchtungen, Höhlen und Risse füllten sich langsam auf. Diese gigantischen, mit Öl aufgefüllten Höhlen versucht man mit Bohrungen „anzuzapfen".

Wie sind Lagerstätten aufgebaut?

Die großen Erdöllagerstätten im Nahen Osten zum Beispiel liegen unter riesigen Kuppeln von undurchlässigem Gestein. Am höchsten Punkt sammelt sich das Erdöl wie Luft in einer Schale, die man umgestülpt ins Wasser drückt. Die Vorkommen in Europa sind komplizierter aufgebaut. Hier sind es so genannte „Salzdome", eine Art Blasen aus Salz, die die undurchlässige Gesteinsdecke nach oben drücken. Das Erdöl rückt in die dadurch entstandenen Höhlen nach.

Die Lagerstätten in der Nordsee hingegen kann man ausbeuten, weil sich hier Gesteinsschichten gegeneinander verschoben haben. Man nennt das „Verwerfungen", wenn die Erdkruste bricht und die Gesteinsschichten durcheinander geraten. Bei solchen Verwerfungen kann eine undichte Schicht (durch die Erdöl unter Druck hochsteigt) durch eine undurchlässige Schicht abgedichtet werden.

Wie lange reicht das Erdöl?

Wie lange das Erdöl noch reichen wird, hängt davon ab, wie viel Öl vor allem die Industrieländer in Zukunft verbrauchen. Man glaubt, dass die bekannten Erdöllager bei gleich bleibendem Verbrauch noch bis zum Jahr 2025 Erdöl liefern können. Allerdings lässt sich schwer abschätzen, ob man mit neuen technischen Mitteln nicht auch Vorkommen ausbeuten kann, die heute noch unzugänglich sind. In der Antarktis, dem mit einer kilometerdicken Eisplatte überzogenen riesigen Kontinent am Südpol, werden besonders reiche Vorkommen vermutet. Bei Drosselung der Erdölförderung und bei Erschließung neuer Vorkommen könnte das Erdöl im Schoße unseres Planeten noch 150 bis tausend Jahre reichen. Für die Erde und auch für die Menschheit ist das eine sehr kurze Zeitspanne. 200 Millionen Jahre hat die Natur gebraucht, um solche Bodenschätze zu erzeugen, und wir verpulvern sie in einem Millionstel dieser Zeit. Wir benehmen uns, als gäbe es nach uns keine Menschen mehr.

Woher kommt das Öl?

Der Nahe Osten – hier vor allem arabische Länder und der Iran – liefert fast die Hälfte des gesamten Weltbedarfs an Öl. Weitere große Vorkommen liegen in der ehemaligen UdSSR, in den USA, in afrikanischen Ländern wie Nigeria und in Südamerika. In vielen anderen Gebieten der Erde werden riesige Vorkommen vermutet. Allerdings ist die Ausbeutung der Lagerstätten dort technisch schwieriger und kostet mehr Geld.

Wie kann man eine Flüssigkeit wie Rohöl „zerlegen"?

Die Reinigung und Veredelung von Erdöl, das so genannte Raffinieren, ist eine komplizierte Abfolge verschiedener chemischer Prozesse. Das Grundverfahren, mit dem man seit mehr als hundert Jahren Öl raffiniert, ist die Destillation. Dabei erhitzt man das Rohöl in einem geschlossenen Gefäß auf 400 Grad. Das Öl verdampft und steigt als Dampf in den Destillationsturm. Dabei kühlen die Dämpfe wieder ab – allerdings nicht alle Dämpfe bei derselben Temperatur. Die unterschiedlichen Bestandteile des Rohöls haben nämlich unterschiedliche Siedepunkte.

Beim Rohöl und bei niedrigen Temperaturen sind also alle Bestandteile zu einer einheitlichen Flüssigkeit vermischt. Bei bestimmten Hitzegraden jedoch sind manche Bestandteile flüssig – sie würden erst bei größerer Hitze verdampfen –, andere aber sind dampfförmig. Durch kontrolliertes Erhitzen und Abkühlen kann man Rohöl in verschiedene Produkte mit jeweils verschiedenen Siedepunkten zerlegen, die sich in den verschiedenen „Stockwerken" des Destillationsturms absondern.

Wo baut man Raffinerien?

Raffinerien werden meistens in der Nähe von großen Industriezentren errichtet. Damit hält man die Verteilungswege für Benzin, Diesel, Schmieröl zu den Verbrauchern (über Straße, Schiene oder kleinere Pipelines) möglichst kurz. Wenn Raffinerien im Landesinneren stehen, werden sie direkt aus Pipelines „gefüttert". Stehen sie an der Küste, so haben sie oft ihre eigenen Ölhäfen und beziehen ihr Öl von Tankern und Supertankern.

Gibt es modernere Methoden der Raffinerie?

Normale Destillation hat einen entscheidenden Nachteil: Man bekommt aus Rohöl immer nur so viel Benzin raus wie drin ist. Benzin wird aber viel mehr gebraucht als zum Beispiel Schmieröl. Man hat also Verfahren erfunden, wie man den Benzinanteil im raffinierten Öl erhöhen kann.

Dieses Verfahren heißt „katalytisches Cracken". Ein Katalysator ist ein Stoff, der chemische Prozesse ermöglicht oder beschleunigt, sich dabei aber selbst nicht verändert. (Ein Autokatalysator verwandelt manche giftige Auspuffgase in unschädlichere Substanzen.) Und

„cracken" kommt aus dem Englischen und heißt so viel wie: zerbrechen, aufspalten. Der Katalysator verändert nun beim Destillieren die Eigenschaften von einigen Inhaltsstoffen des Rohöls. Die schweren Bestandteile (Schmieröle zum Beispiel) verwandeln sich in leichtere, und heraus kommen Benzin und andere Stoffe, die man für die Erzeugung von Kunstfasern oder Kunststoff braucht. Man kann mit bestimmten Katalysatoren also steuern, welche Endprodukte in welchen Anteilen beim Destillieren erzeugt werden. Katalytisches Cracken liefert bei ein und derselben Rohölsorte doppelt so viel Benzin wie in der normalen Destillation – natürlich auf Kosten anderer (unerwünschter) Produkte.

Neben diesen beiden Destillationsarten gibt es noch eine Reihe weiterer Verfahren bei der Aufbereitung des Rohöls.

Wo liegen die Gefahren von Erdöl?

Der amerikanische Supertanker, der im Jahr 1989 vor der Küste von Alaska auseinander brach, hat nicht allein einen wirtschaftlichen Schaden von einigen Milliarden Dollar angerichtet. Der Ölteppich auf dem Wasser hat die Natur auf unvorstellbar großen Gebieten umgebracht, und es wird – gerade in dem kalten Klima – noch Jahrzehnte dauern, bis sich der Bestand von Pflanzen und Tieren notdürftig erholt hat. Wie sich ein ähnlicher Unfall vor den dicht besiedelten nordeuropäischen Küsten auswirken würde, mag man sich gar nicht ausmalen.

Wirkliche Gegenwehr bei Katastrophen dieser Art gibt es nicht. Man kann nur versuchen, die Auswirkungen eines Tankerunfalls so gering wie möglich zu halten. Es gibt Spezialschiffe, die bereitstehen, um den sich ausdehnenden Ölteppich abzusaugen. Oder man versprüht Chemikalien, die das Öl zersetzen, sodass es auf den Meeresgrund absinkt.

Andere Gefahren für die Umwelt lauern in den Raffinerien. Immer wieder geraten große Mengen gefährlicher Gase oder Flüssigkeiten in die Luft und in Gewässer.

Das größte Problem entsteht jedoch beim Erdölverbrauch selbst. In vielen Großstädten bildet sich durch Autoabgase Smog. (*Smog* ist ein englisches Kunstwort, zusammengezogen aus *smoke*, Rauch, und *fog*, Nebel.) In den USA verursachen Autoabgase über die Hälfte der Luftverschmutzung – Haushalte und Industrie zusammen nur ein Drittel. Auch Autokatalysatoren bringen keine grundsätzliche Besserung, da bestimmte giftige Auspuffgase noch immer entweichen und außerdem immer mehr, immer schnellere und immer größere Autos auf unseren Straßen fahren.

Was ist Ölsand?

Die Ölfelder sind nicht die einzigen „Vorratskammern" für Erdöl. Im so genannten „Ölsand", einem Gemisch aus Sand und Bitumen, sind ungeheure Mengen enthalten – weit mehr als in den eigentlichen Ölfeldern. Allerdings ist die Ausbeutung des Ölsandes aufwändig und teuer. Schon jetzt aber verwandeln riesige Bagger in der kanadischen Provinz Alberta ganze Landstriche in Mondlandschaften. Man baut dort Ölsand ab, der direkt unter der Oberfläche liegt. Mit unter Druck stehendem Wasserdampf können in Spezialanlagen Sand und Rohöl getrennt werden. Auf dem Gebiet der ehemaligen Sowjetunion hingegen ist das Öl nicht an Sand, sondern an ein weiches Gestein gebunden. Diese Ölschiefer können wie Steinkohle unter Tage abgebaut werden. Andere Möglichkeiten bestehen darin, die Vorkommen mit heißem Dampf auszubeuten, der in die Tiefe gepresst wird und mit Öl gesättigt wieder zurückkommen soll. Die Ölschiefervorräte der Erde bergen schätzungsweise 140 Milliarden Tonnen Rohöl.

Gibt es auch künstliches Erdöl?

Länder, die selbst keine Erdölquellen haben und von der Einfuhr aus anderen Ländern abgeschnitten sind oder waren, haben Methoden zur Gewinnung von „künstlichem Erdöl" entwickelt (zum Beispiel Südafrika, das wegen seiner rassistischen Politik aus dem Welthandel ausgeschlossen wurde, oder das nationalsozialistische Deutschland während des Zweiten Weltkriegs). Dieses Öl wird aus Kohle gewonnen und ist daher nicht ganz so künstlich.

Andere Länder wie Brasilien sind zu arm, um Erdöl für Benzin anderswo einzukaufen, erzeugen jedoch Autos selbst. Dort versucht man, Benzin mit einem Kraftstoff zu mischen, der aus Zuckerrohr gewonnen wird. Man kann aus vielen Pflanzen Alkohol gewinnen. Das passiert in jeder Schnapsbrennerei. Zuckerrohr hat einen hohen Zuckeranteil und liefert daher viel Industriealkohol; mit normalem Benzin vermischt, dient er als Treibstoff für Autos. Im Gegensatz zu Erdöl wächst Zuckerrohr immer wieder nach. Allerdings schaffen die ungeheuer großen Zuckerrohrplantagen, die dafür angelegt werden müssen, neue Probleme. Die Umwelt leidet unter diesen Monokulturen (das heißt: Nur eine Nutzpflanze wird angebaut), und viel fruchtbares Land wird blockiert, das man zur Erzeugung von Lebensmitteln nutzen könnte.

Wie können wir Erdöl besser nutzen?

Über kurz oder lang müssen wir uns auf eine Lebensweise einstellen, die mit den begrenzten Energievorräten vernünftig umgeht. Wir müssen das nicht nur deshalb tun, weil das Erdöl eines Tages zu Ende geht. Unmäßiger Energieverbrauch zerstört auch unsere Umwelt. Der erste und wichtigste Schritt ist: Energie sparen. Wir können mit dem Auto langsamer und so oft wie möglich mit Bus und Bahn (oder mit dem Fahrrad) fahren. Wer weniger Strom verbraucht, der verbraucht auch weniger Rohstoffe, die zur Stromerzeugung verfeuert werden. Wir können Lebensmittel kaufen, die aus ökologischem Landbau stammen, und solche, die mit wenig Verpackung auskommen. (Auch Verpackungen aus anderen Materialien als Plastik fressen Energie: nämlich bei ihrer Erzeugung.) Wir können uns weigern, etwas zu essen und zu trinken, was uns auf Wegwerfgeschirr oder in Plastikflaschen angeboten wird.

Das ist natürlich nur ein kleiner Schritt. Aber jeder Beitrag ist wichtig. Denn die Industrie erzeugt, was gekauft wird, und umgekehrt: Was die Kunden nicht mehr verlangen, das wird auch nicht mehr hergestellt.

Auf der anderen Seite müssen die Regierungen dafür sorgen, dass Energie aus Erdöl teurer und Energie aus umweltfreundlichen Quellen (Sonne, Wind, Wasser) billiger wird.

Energie aus Erdgas

Was ist Erdgas?

Gas zur Erzeugung von Hitze (zum Heizen, Kochen oder zur Stromerzeugung), wie wir es von zu Hause oder vom Camping kennen, gibt es hauptsächlich als Propangas, Butangas oder Erdgas. Erdgas ist Gas, das zusammen mit Erdöl entstanden ist und aus riesigen unterirdischen Gasblasen gefördert wird. Erdgas wurde bei den ersten Bohrungen nach Erdöl fast zufällig gefunden. Heute deckt es ein Fünftel des Weltenergiebedarfs ab. Es wird so wie Erdöl über Pipelines oder Tanker in die Verbraucherländer geliefert. In fast allen Städten gibt es Erdgasnetze, und das Gas kommt wie Trinkwasser direkt ins Haus oder in die Betriebe.

Erdgas hat viele Vorteile. Es verbrennt ohne Rückstände mit einer sauberen, heißen, blauen Flamme. Es ist umweltfreundlich und geruchlos. Außerdem kann man es durch Gasleitungen bequem transportieren und muss es nicht wie Flüssiggas in Stahlflaschen abpacken.

Wieso kann man Erdgas riechen?

Eigentlich ist Erdgas geruchlos. Doch sollte es beim Erdgaskunden (im Haushalt) durch ein Leck in die Wohnung austreten, hätte es einen deutlichen Geruch. Dieser Geruch wird von den Gasfirmen durch Beimischen winziger Spuren eines anderen, stark riechenden Gases künstlich erzeugt. Das dient zur Sicherheit. Erdgas ist nämlich schwerer als Luft und würde sich in einem Raum am Boden ansammeln. Der kleinste Funke würde ausreichen, um das Gas in einer Explosion zu entzünden. So ein Funke kann zum Beispiel dann entstehen, wenn man das Gaswerk anruft: Im Telefon gibt es dann einen winzigen Funken, und der würde für eine Explosion sorgen!

Warum ist Erdgas umweltfreundlich?

Erdgas verbrennt nicht nur ohne umweltschädliche Rückstände; vor allem kann seine Energie direkt und voll genutzt werden, wo man sie braucht. Erdgas, das beim Kochen, Heizen und bei der Bereitung von Warmwasser direkt verbrannt wird, liefert doppelt so viel Energie wie Strom, der in Wärmekraftwerken erzeugt wird. Wenn zum Beispiel die im Erdgas gespeicherte Energie zunächst in elektrischen Strom umgewandelt wird und mit diesem Strom dann erst der Herd, der Boiler oder die Heizung beliefert werden, geht über die Hälfte der Energie verloren.

Auch Propan und Butan – die flüssigen Bestandteile des Erdgases – verbrennen ohne Rückstände. Diese Flüssiggase werden vor allem dort verwendet, wo Haushalte und Betriebe an das öffentliche Gasnetz nicht angeschlossen sind. Propan und Butan werden dann entweder in Stahlflaschen geliefert, oder Tankwagen befüllen Vorratstanks.

Seit wann verwendet man Erdgas?

Vor 200 Jahren versuchte man in Frankreich erstmals, Gas zur Beleuchtung zu verwenden, um Fackeln und Kerzen zu ersetzen. 1791 wurde zum ersten Mal eine Art von Erdgas gewonnen, und zwar aus Kohle. Ein Jahr später beleuchtete ein englischer Erfinder sein Haus mit diesem so genannten „Leuchtgas". Doch erst ein Jahrhundert später, im Jahr 1885, gab es dann eine zufrieden stellende Gaslampe: Der österreichische Ingenieur Auer-Welsbach tränkte ein Netz aus verkohlter Baumwolle (der Gasglühstrumpf) mit bestimmten Chemikalien und stülpte es über eine Gasflamme. Außen brachte er einen Glasschutz an. Die Gasflamme brachte den Strumpf zur Weißglut. Diese Art von Gaslicht war hell, freundlich und brannte gleichmäßig. Noch heute sind viele Gaslampen (dort, wo es keinen elektrischen Strom gibt) nach diesem Prinzip konstruiert.

Wie kommt das Gas in die Haushalte?

Bei Erdgas stehen zwischen der Förderung und dem Verbraucher keine Raffinerien. Ein Haushalt mit Erdgasanschluss ist daher Teil eines gigantischen Netzes von Rohrleitungen, das ganz Europa umspannt. Die wichtigsten europäischen Erdgasfelder liegen in Italien, Frankreich und in den Niederlanden sowie in der Nordsee vor der britischen und norwegischen Küste. Außerdem liefert Russland sibirisches Erdgas an die weit verzweigten Gasnetze der mitteleuropäischen Länder. Russland ist der größte Erdgaslieferant überhaupt; aus Sibirien kommt ein Drittel des Erdgases, das weltweit verbraucht wird.

Erdgaspipelines sind anderthalb Meter stark und verlaufen wie Ölpipelines meist über Land, zuweilen jedoch auch auf dem Grund des Meeres. Zwischen Italien und Afrika gibt es eine solche Unterseepipeline. Um die Rohre in 600 Meter Tiefe am Grund des Mittelmeeres verlegen zu können, musste ein spezielles Verlegeschiff gebaut werden. Diese Pipeline kann jährlich zwölf Milliarden Kubikmeter Erdgas aus Feldern in der algerischen Wüste nach Zentraleuropa schaffen.

Wie kann man Erdgas gewinnen?

Erdgas ist wie Kohle und Erdöl ein fossiler Brennstoff, in seiner Entstehungsgeschichte jedoch dem Erdöl näher. Wie Erdöl ist es das Ergebnis von Millionen Jahre dauernden Vorgängen im Inneren der Erde: Zuerst sanken abgestorbene Meerestiere und Pflanzen auf den Grund der Urmeere und bildeten dicke Schichten von organischem Material, die immer wieder von Sand, Schlamm und ganzen Gebirgsschichten überdeckt und unter Druck gesetzt wurden. Erdgas kommt daher zusammen mit Erdöl vor: entweder oberhalb von Ölfeldern oder im Öl gelöst oder aber in eigenen gigantischen Gasblasen in der Nähe von Ölfeldern.

Die Förderung verläuft ähnlich wie die Erdölförderung. Am einfachsten kann Erdgas aus Lagerstätten gewonnen werden, die wie im Nahen Osten oder in Sibirien unter Land liegen. Dabei wird das Feld an vielen Stellen zugleich angezapft. Die Förderbohrungen werden mit einem System von Rohranschlüssen und Ventilen gesichert, mit denen auch der Gasdruck gesteuert werden kann. Gasfelder stehen nämlich stets unter enormem Druck.

Auch für die Förderung von Gas auf hoher See gibt es eigene Plattformen, die bis zu 150000 Tonnen wiegen und von denen aus zwei Dutzend Bohrlöcher in den Untergrund getrieben werden können. Erdgasförderplattformen werden in Werften gebaut, an ihren Standort geschleppt und dort fest auf dem Meeresgrund verankert. Auf großen Gasfeldern, wie zum Beispiel in der Nordsee, sind oft viele Plattformen gleichzeitig eingesetzt; dabei dienen einige nur der Aufbereitung des Gases. Zunächst strömt das Gas zur Bohrplattform, wo es von Sand und Wasser getrennt wird, und anschließend zur Aufbereitung. Hier wird es von den restlichen Verunreinigungen befreit und anschließend durch Pipelines an die Küste gepumpt.

Energie aus Atomspaltung

Was sind Atome?

Atome sind die kleinsten Bausteine der Materie. Alles um uns herum – feste Stoffe, Flüssigkeiten, Gase und Luft – besteht aus Milliarden Atomen. Sie sind so klein, dass man sie auch durch das leistungsfähigste Elektronenmikroskop nicht sehen kann. Aber man kann sich eine feste Vorstellung (ein Modell) davon machen, wie diese kleinsten Teilchen beschaffen sind. Und man kann im Experiment zeigen, dass dieses Modell richtig ist. Das Wort *Atom* kommt aus dem Griechischen und bedeutet: unteilbar. Noch zu Beginn unseres Jahrhunderts hielt man Atome für winzige, unteilbare Materieklümpchen, bis man herausfand, dass diese „unteilbaren" Teilchen in Wirklichkeit aus noch kleineren Einheiten bestehen. Hauptbestandteile eines Atoms sind der Atomkern, der aus Neutronen und Protonen besteht, und die Elektronen, die den Kern auf festen Bahnen umschwirren. Neutronen sind Teilchen ohne Ladung; Protonen sind positiv, Elektronen sind negativ geladen.

Je schwerer ein Element ist, aus desto mehr Teilchen bestehen seine Atome. Wenn man Protonen und Neutronen eines Atomkerns zusammenzählt, kommt man auf die so genannte „Massezahl“ eines Elements. Das Uran – das schwerste in der Natur vorkommende Element – hat die Massezahl 235 oder 238.

Neben Protonen, Neutronen und Elektronen haben Atomphysiker bis heute schon einen ganzen „Zoo“ von atomaren Teilchen aufgespürt.

Wie kann man aus Atomen Energie gewinnen?

Die vielleicht berühmteste Formel der Wissenschaft stammt von dem deutschen Physiker Albert Einstein. Sie lautet: Energie ist Masse mal dem Quadrat der Lichtgeschwindigkeit ($E = m \times c^2$) und besagt, dass Masse (oder Materie) nichts anderes als eine Form der Energie ist. Man kann also – theoretisch – Materie in Energie umsetzen und mit dieser Formel berechnen, wie viel Energie dabei rauskommt.

Das erste praktische Ergebnis dieser „Umsetzung“ waren die Atombomben, die am Ende des Zweiten

Weltkrieges zuerst (versuchsweise) in der Wüste von New Mexico (USA) und dann zweimal über japanischen Städten gezündet wurden. Obwohl dabei nur ein Siebtel der Masse des Bombenstoffs in Energie umgewandelt wurde, war die Zerstörungskraft der Atombomben ungeheuer. Druck und Hitze radierten ganze Städte aus, und hunderttausende Menschen starben durch die radioaktive Strahlung. Moderne Atombomben wären in ihrer Wirkung noch viel furchtbarer: Sie würden die gesamte Masse des Bombenstoffs bei der so genannten „Kernreaktion" in Explosionsdruck, Hitze und Strahlung verwandeln.

Die zerstörerische Energie, die bei der Umwandlung von Materie in Kraft frei wird, versucht man in Atomkraftwerken zu zähmen. Hier läuft die Kernreaktion nicht als Explosion, sondern als allmähliche Abgabe von Hitze ab; die radioaktive Strahlung versucht man so weit wie möglich in Strahlenschutzmänteln abzufangen.

Die entstehende Hitze lässt Wasser verdampfen, und dieser Dampf treibt Turbinen und Stromgeneratoren an; ein Atomkraftwerk arbeitet also nach demselben Prinzip wie ein Wärmekraftwerk, in dem Kohle oder Erdöl verfeuert wird. Der entscheidende Unterschied liegt in der Art und Weise, wie die Hitze zum Verdampfen des Wassers erzeugt wird.

Was ist eine Kernreaktion?

Damit ein Atomkern seine Energie freigibt, muss er gespalten werden. Allerdings wird der Kern von gewaltigen Kräften zusammengehalten. Erst 1939 entdeckten die deutschen Atomphysiker Lise Meitner und Otto Hahn, dass es einen Weg gibt, zumindest den Kern des Uranatoms zu knacken. Dieser Kern ist nämlich nicht sehr stabil. Um ihn zu spalten, muss man ihn mit einem Neutron beschießen. Dann zerfällt er in zwei leichtere Atome. Dieser Zerfall setzt aber weitere Neutronen frei, die wiederum die neuen Kerne spalten, wodurch neue Neutronen wiederum neue Kerne zerschießen – und so weiter. Einmal in Gang gebracht, läuft dieser Prozess als Kettenreaktion ab, und zwar in unvorstellbarer Geschwindigkeit und so lange, bis das spaltbare Material (Uran) verbraucht ist.

Warum erzeugt eine Kernreaktion so viel Energie?

Die beiden neuen Atome, die bei der Spaltung des Uranatoms entstehen, sind zusammen leichter als das ursprüngliche Atom. Der fehlende Rest – die scheinbar verschwundene Masse – hat sich in Energie verwandelt.

Der Vorgang ist also ein ganz anderer als zum Beispiel beim Verbrennen von Kohle. Wenn ein Kilogramm Kohle verbrannt wird, so wird chemische Energie in Wärmeenergie umgesetzt. Rauch und Asche würden, könnte man alles sammeln, nach der Verbrennung zusammen ebenfalls ein Kilogramm wiegen. Es geht keine Masse verloren.

Bei einer Kernspaltung jedoch „verschwindet" Masse. Der Aufbau der Atome selbst (und nicht bloß die chemische Zusammensetzung von Brennstoff wie etwa bei der Verbrennung von Kohle) hat sich verändert. Die verschwundene Masse, wie gering sie auch sein mag, hat sich in eine unvorstellbare Menge an Energie verwandelt.

Was ist Wiederaufbereitung?

„Wiederaufbereitung" nennt man das Verfahren, aus Atommüll neuen Reaktorbrennstoff zu gewinnen. Die abgebrannten Brennelemente werden in drei Substanzen getrennt: in Uran, Plutonium und in den endgültigen Abfall. Uran liefert das Material für neue Brennstäbe. Plutonium muss hochsicher gelagert werden. Der Plutoniumanteil am Atommüll beträgt zwar nur ein Prozent. Doch ist dieses Element so ungeheuer giftig, dass ein paar Gramm davon unter Umständen Millionen Menschen töten könnten. Plutonium ist auch der Stoff, den man für Atombomben braucht. Der Name kommt vom griechischen Gott Pluto, der zugleich Gott des Reichtums als auch Gott der Hölle ist.

Bei der Wiederaufbereitung wird zwar das spaltbare Material besser genutzt und die Masse des Atommülls verringert; dieser neue Atommüll ist jedoch noch viel schwieriger zu handhaben und zu lagern: Er ist weitaus stärker radioaktiv als normaler Atommüll und daher noch gefährlicher. Zudem gibt eine Wiederaufbereitungsanlage ständig Strahlung an die Umwelt ab. Große Wiederaufbereitungsanlagen gibt es in Nordfrankreich und in Ostengland.

Auch in Deutschland (Wackersdorf in der Oberpfalz) war eine Wiederaufbereitungsanlage geplant, gegen die sich jedoch viele Bürger zur Wehr gesetzt haben. Schließlich gab die Regierung diese Pläne im Jahr 1989 auf.

Was ist ein GAU?

Ein Reaktor kann niemals wie eine Atombombe explodieren. Aber er kann durchbrennen und seine Radioaktivität im Laufe von Stunden und Tagen an die Umwelt abgeben. Einen solchen Unfall nennt man den „größten anzunehmenden Unfall“. Die Abkürzung dafür ist GAU.

Ein GAU entsteht, wenn die Hitze vom Reaktor nicht mehr wegtransportiert werden kann, weil das Kühlsystem ausfällt und die Notkühlanlage auch nicht funktioniert. Der Reaktorkern wird immer heißer, schmilzt und brennt durch.

1986 hat es einen solchen GAU im sowjetischen Atomkraftwerk Tschernobyl in der Ukraine gegeben. Dabei wurden ungeheure Strahlungsmengen frei, von denen die Böden in halb Europa verseucht wurden. Im Umkreis von Tschernobyl mussten ganze Städte aufgegeben werden. Die Folgen für die Zukunft kann man noch gar nicht abschätzen. Vermutlich werden zehntausende Menschen, die von diesem GAU betroffen waren, an Krebs erkranken und sterben.

Atomkraftwerke in anderen Ländern (Harrisburg/ USA und Greifswald/Deutschland) sind an einem GAU knapp vorbeigeschlittert; es gibt nämlich auch bei den durchdachtesten Systemen keine absolute Sicherheit: Immer sind Menschen am Werk, und Menschen machen Fehler.

Sind Atomkraftwerke zu gefährlich?

Seit dem GAU von Tschernobyl halten immer mehr Menschen die Erzeugung von Energie aus Atomkraft für zu gefährlich; das einzig sichere Atomkraftwerk, sagen sie, ist die Sonne, weil sie 150 Millionen Kilometer von uns entfernt ist. Außerdem behaupten Gegner der Atomkraft, dass Atomstrom letztlich ungeheuer teuer ist: weil noch unsere Nachkommen in tausend oder zehntausend Jahren für die Sicherung und Bewachung des heute entstandenen Atommülls bezahlen müssen. Freunde der Atomkraft meinen, dass die Vorteile der Atomkraft größer sind als ihre Nachteile. Um unsere technische Zivilisation aufrechtzuerhalten, so behaupten sie, kann man auf diese Energiequelle nicht verzichten.

Sanfte Energien

Was sind „sanfte Energien"?

Es gibt eine Reihe von Energieformen wie Windkraft, Bioenergie und Sonnenkraft, von denen Umweltschützer hoffen, dass sie in Zukunft den Energiebedarf der Menschheit decken. Solche Energieformen nennt man unter anderem „sanfte Energien“, weil sie im Gegensatz zu den „harten Energien“ wie Erdöl oder Atomkraft die Schätze der Erde nicht plündern und keine Umweltzerstörungen anrichten – also sanft mit unserer Erde umgehen. Die sanften Energien werden auch „Alternativenergien“ genannt. Alternativ heißt: eine andere Möglichkeit nutzend, einen anderen Weg einschlagend als die „konventionellen“ (gewohnten) Energien. Eine dritte Bezeichnung für sanfte Energiequellen lautet: „erneuerbare Energiequellen“. Windkraft, Bioenergie und Sonnenkraft zum Beispiel sind unerschöpflich, solange die Sonne scheint und solange es Leben auf Erden geben wird. Fossile Energiequellen und auch Uran – der Brennstoff von Atommeilern – werden eines Tages zu Ende gehen.

Kann man Pflanzen als Energiequelle nutzen?

Pflanzen sind für nichtpflanzliche Lebewesen (also für Tiere und Menschen) die ursprünglichste Energiequelle überhaupt: als Nahrungslieferant.

Pflanzen beziehen ihre Energie direkt aus der Sonne. Unter Einwirkung von Licht erzeugen sie aus dem in der Luft enthaltenen Kohlendioxid und Wasser energiereiche Kohlehydrate.

Tiere (und Menschen) gehen einen komplizierteren Weg; sie haben nicht die Fähigkeit, ihre Nahrung selbst zu erzeugen wie die Pflanzen. Sie machen vielmehr einen Umweg über die Pflanzen und nehmen die in den Pflanzen gespeicherte Energie als Nahrung auf. Ein Tier kann also leben, wenn es mit seiner Nahrung mehr Energie aufnimmt, als es beim Bemühen, an diese Nahrung heranzukommen, verbraucht.

Viele Tiere und die allermeisten Menschen machen einen zusätzlichen Umweg. Sie fressen oder essen nicht nur die Pflanzen direkt, sondern auch die Kadaver von Tieren, die sich von Pflanzen ernährt haben.

Was ist Biogas?

Eine der aussichtsreichsten Methoden, aus Pflanzen Energie zu gewinnen, liegt in der Erzeugung von Biogas, zum Beispiel Methan. Dieses Gas entsteht, wenn sich tierische und pflanzliche Stoffe zersetzen, ohne dass Luft dazutritt. Bauernhöfe, in denen viel Biomasse (zum Beispiel Gülle, Mist, Stroh) anfällt, können diese Abfälle nutzen, indem sie in Biogasanlagen Methan erzeugen; damit kann man den Hof beheizen und auch umgerüstete Maschinen antreiben. Solche Anlagen sind sehr umweltfreundlich, und ihr Betrieb kostet nichts. Allerdings müssen sie zuerst gebaut werden; und das ist am Anfang teuer.

Was hat der Hunger auf der Welt mit Energieverschwendung zu tun?

Die so genannte „Nahrungskette“ ist auch eine Kette von Energieverlusten; denn bei jeder Umwandlung von Energie geht etwas verloren. Und je länger die Nahrungskette ist, je mehr Glieder sie hat, desto größer ist der Energieverlust. Man kann sich das an folgendem

Beispiel klarmachen: Dasselbe Stück Land kann bis zu zehnmal mehr Menschen ernähren, wenn Reis und Bohnen angebaut und gegessen werden, als wenn man dort Tiere weiden lässt und sie dann tötet, um ihr Fleisch zu essen. Will man Nahrungsenergie in Form von Fleisch erzeugen, braucht man daher viel mehr Land als bei der Erzeugung von essbaren Pflanzen.

Doch die Menschen in den reichen Ländern essen sehr viel Fleisch. Weil es hier aber nicht genug Land gibt, um alles Schlachtvieh zu füttern, wird in zahlreichen Ländern der Dritten Welt auf den Feldern Tierfutter statt Nahrung für die Menschen angebaut.

Dieses Tierfutter – zum Beispiel Sojabohnen – wird in die reichen Länder geliefert, die gut bezahlen können. Man kann also sagen, dass unser Schlachtvieh den Menschen in Afrika, Südamerika und Asien die Nahrung wegfrisst. Würden wir weniger Fleisch essen, dann könnten viele Menschen der Dritten Welt ihre traditionelle Nahrung anbauen und sich selbst besser ernähren.

Fachleute glauben, dass die Erde deutlich mehr Menschen gut ernähren könnte, als heute auf ihr leben, wenn nur die Ackerflächen vernünftig und gerecht bewirtschaftet würden und wenn auf ihnen vor allem Nahrung für Menschen erzeugt würde.

Kann man Benzin aus Pflanzen gewinnen?

Aus Pflanzen kann man nicht direkt Benzin, aber eine Flüssigkeit gewinnen, die oft als „Biosprit“ bezeichnet wird. Das ist im Grunde nichts anderes als Spiritus, also Alkohol. Und so wie man Schnaps aus Pflanzen gewinnt, so auch Biosprit.

In Brasilien hat man auf riesigen Plantagen Zuckerrohr und Mais angebaut, um daraus Sprit zu erzeugen. Dieser Alkohol wird dem normalen Benzin zugesetzt. Damit verringert man die Abhängigkeit des Landes von Benzinimporten.

Andere Möglichkeiten, als Treibstoff Bioenergieträger zu nutzen, liegen im Einsatz von Pflanzenölen – statt dem aus Erdöl gewonnenen Dieselöl in Dieselmotoren. Das funktioniert tatsächlich. Man muss nur die Motoren ein klein wenig umbauen.

Fachleute bezweifeln jedoch, dass Treibstoffe aus Pflanzen die Energieprobleme der Menschheit lösen können. Denn um Erdöl wirklich zu ersetzen, müssten gigantische Flächen bebaut werden, die dann der Nahrungsmittelproduktion fehlen. Außerdem müsste man auf so riesigen, einförmigen Feldern mit großen Mengen Gift gegen Insekten und Unkraut vorgehen, was wiederum Grundwasser und Böden schädigt.

Was ist Meeresgemüse?

Es gibt eine ganze Reihe von Meeresalgen, die hochwertige Nahrung für Menschen liefern. Vor allem in Japan gehören Algen (dort auch „Meeresgemüse“ genannt) immer schon auf die feine und gesunde Speisekarte. Heute bekommt man Algen wie Kombu und Hiziki auch bei uns in Naturkostläden zu kaufen. Teilweise werden diese Algen vor der französischen Atlantikküste angebaut und geerntet. – So neu ist das übrigens gar nicht: Schon die Kelten haben gerne Algen gegessen. Und in Irland, wo keltische Traditionen weiterleben, wird als Spezialität immer noch eine Art Algenpudding aufgetischt. Meeresgemüse hat viel Eiweiß und wichtige Mineralstoffe und wird in Zukunft vielleicht nicht nur eine Delikatesse für Spezialisten, sondern auch ein wichtiger Grundstoff für die Nahrungsmittelindustrie sein.

Wächst auch Brennstoff im Meer?

Eine Möglichkeit, riesige Flächen mit Energiepflanzen zu bebauen und den Verbrauch von Land dennoch gering zu halten, besteht in der Zucht von Meeresalgen.

Algen ernähren sich wie andere Pflanzen auch von Sonnenschein und Wasser: Beides gibt es, zumal in südlichen Meeren, in Hülle und Fülle.

Vor der kalifornischen Küste wird in Meeresfarmen zum Beispiel Seetang angebaut, der täglich einen halben Meter wächst. Der Tang wird zu Biogas verarbeitet.

Andere Algenarten eignen sich dazu, nach dem Trocknen in Kraftwerken verbrannt zu werden.

Wozu wurde früher die Kraft des Windes genutzt?

Wind ist eine der traditionellen Energiequellen der Menschheit und neben den erst um die Jahrtausendwende aufgekommenen Wasserrädern und der Körperkraft von Zugtieren die einzige Energie, die sich direkt in Bewegungsenergie (Kraft) umwandeln ließ. Aus dem siebten Jahrhundert vor unserer Zeit stammen die ersten Berichte über Windmühlen in Persien; um das Jahr 1200 unserer Zeit wurde die erste europäische Windmühle beschrieben. Windmühlen pumpten Wasser in Bewässerungssysteme und lieferten die Kraft zum Drehen von Mühlsteinen. Im Jahr 1920 wurde in den USA die erste Windmühle zur Stromerzeugung benutzt. Zehn Jahre später waren auch in Bayern und Österreich Windkraftanlagen in Betrieb, die oft ganze Ortschaften mit eigenem Strom versorgten.

Noch früher als für das Drehen von Windrädern diente die Windkraft jedoch zur Fortbewegung von Schiffen. Segel fingen den Wind auf, der dann das Schiff vorwärts drückte. Schon vor 5000 Jahren besaßen die Ägypter einfache Schiffe mit einem einzigen Segel. Im Laufe der Zeit feilten die Seefahrer der Völker die Segeltechnik immer weiter aus. In der Mitte des 19. Jahrhunderts erreichte die Segelschifffahrt einen ersten Höhepunkt: Bis zu vierzig Stundenkilometer fuhren amerikanische Klipper mit ihren vielen Segeln und der riesigen Segelfläche. Dank der Computertechnik ergeben sich heute für die Handelsschifffahrt neue interessante Möglichkeiten, die Windkraft mit Segeln zu nutzen. Vielleicht sind in wenigen Jahrzehnten langsame, riesige Frachtschiffe (zum Beispiel Öltanker) wieder mit Segeln unterwegs. Diese Segelflächen werden dann allerdings von Motoren gestellt und von Computern gesteuert sein.

Woher kommt die Energie des Windes?

Windkraft ist umgewandelte Sonnenenergie. Die Einstrahlung der Sonne auf große Wasser- und Landflächen erwärmt die dort befindliche Luft; warme Luft dehnt sich aus und steigt auf und fließt in Gebiete mit geringerem Luftdruck ab. Normalerweise streben heiße Luftmassen vom Äquator in Richtung der kalten Pole, werden dabei abgekühlt und abgelenkt und sinken zu Boden, um in einem endlosen Kreislauf zum Äquator zurückzukehren. Allerdings ist das nur ein grobes Muster für allgemeine Windströmungen. In vielen Gegenden der Erde verhält sich der Wind aber tatsächlich fast immer so. Anderswo dreht er sich häufig, flaut ab oder erhebt sich zu Stürmen.

Normalerweise weht an Küsten ein stärkerer und gleichmäßigerer Wind als im Landesinneren. Und je heißer eine Weltgegend, desto geringer ist die durchschnittliche Windgeschwindigkeit – es sei denn, es kommt zu einem Wirbelsturm.

Große Stürme (je nach Gegend und Art „Hurricans", „Tornados" oder „Taifune" genannt) erreichen oft die Kraft von Atombombenexplosionen. Diese Gewalten können nicht genutzt werden; sie stellen für Windkraftanlagen außerdem große Gefahren dar.

Wie kann man Windkraft nutzen?

Moderne Windkraftanlagen werden nicht mehr zur Erzeugung von mechanischer Energie (wie in Windmühlen), sondern zur Stromerzeugung genutzt. Sie haben die verschiedensten Formen von langsam drehenden Windrädern mit Dutzenden von Flügeln bis zu einflügeligen Rotoren, die sich ungeheuer schnell drehen können. Mit der Windkraft werden Stromgeneratoren angetrieben, die den Strom entweder in das Stromnetz einspeisen oder – bei kleineren Anlagen – in Batterien für windarme Zeiten speichern. Schließlich gibt es noch die Möglichkeit, den durch Wind erzeugten Strom in andere Energieformen umzuwandeln und dann zu speichern – zum Beispiel als Wasserstoffgas.

Fachleute glauben, dass die Nutzung der Windkraft eine große Zukunft hat, sofern die Politik sanfte Energien fördert und ihnen den Vorrang vor Erdöl und Atomkraft einräumt. In diesem Fall könnten in entlegenen windigen Gegenden so genannte „Windparks“ errichtet werden, ganze Wälder von Windkraftanlagen. Außerdem könnten sich Wohngemeinschaften, Dörfer und Gemeinden durch eigene Anlagen vom öffentlichen Stromnetz unabhängiger machen.

Allerdings ist das System der Stromversorgung in den

Industrieländern so aufgebaut, dass der Strom normalerweise in riesigen zentralen Kraftwerken erzeugt und über weite Strecken an die Verbraucher geliefert wird. Außerdem haben die Verbraucher oft Verträge unterschrieben, die den Stromgesellschaften das Recht auf alleinige Stromlieferung sichern. Diese Verträge laufen über Jahrzehnte. Konkurrenten, die umweltfreundlichen Windstrom erzeugen und verkaufen wollen, haben es deshalb schwer, sich gegen die Giganten durchzusetzen. Die kleineren Windkraftwerke in Bayern und Österreich, die zwanzig Jahre lang ihre Ortschaften versorgt hatten, mussten schon bald nach dem Ende des Zweiten Weltkrieges abgebaut werden. Die Stromversorgung übernahmen die Großbetriebe.

Wie kann Windenergie gespeichert werden?

Normalerweise wandeln Windkraftanlagen Windenergie in elektrischen Strom um; kleinere Strommengen können in Batterien gespeichert werden. Eine viel versprechende Möglichkeit, überschüssigen Strom zu speichern, besteht darin, ihn in Wasserstoff zu verwandeln. Wasserstoff ist ein brennbares Gas, das in gebundener Form in Wasser vorkommt. (Zwei Atome Wasserstoff und ein Atom Sauerstoff ergeben zusammen ein Wassermolekül.)

Durch Einsatz von elektrischem Strom lässt sich Wasser in seine beiden Bestandteile Wasserstoff und Sauerstoff zerlegen. (Diesen Vorgang nennt man „Elektrolyse".) Der Wasserstoff kann unter Druck in Stahlbehältern aufbewahrt und zum Kochen und Heizen verwendet werden; mit Wasserstoff kann man aber auch Motoren betreiben und damit Autos bewegen oder neuerlich Strom erzeugen.

Bei der Umwandlung von Windkraft in elektrische Energie, von Strom in Wasserstoff von Wasserstoff in Wärmeenergie und von Wärmeenergie wieder zurück in Strom geht natürlich viel Energie verloren. Aber wenn die Windkraftanlage einmal gebaut ist, ist der überschüssige Strom ja gratis. Deshalb sagen Energiefachleute dieser Wasserstofftechnik eine große Zukunft voraus – und nicht nur im Zusammenhang mit Windkraft, sondern auch bei der Speicherung von Sonnenenergie.

Kann man die Wärme im Erdinneren anzapfen?

Die Temperatur im heißen Inneren der Erde beträgt einige tausend Grad; die hier gespeicherte Energie ist unermesslich groß. Könnte man diesen Wärmeschatz mit wenig Aufwand anzapfen, so wären alle Energieprobleme der Menschheit auf unabsehbare (aber nicht endlose) Zeit gelöst.

Leider ist die kalte Kruste an den meisten Stellen der Erdoberfläche so dick, dass es sich mit der heutigen Technik noch nicht lohnt, die Erdwärme zu nutzen. Das Blatt könnte sich wenden, wenn die fossilen Energievorräte zu Ende gehen und die Menschheit nach neuen Energiequellen Ausschau halten muss.

In einem einzigen Land der Erde wird schon heute der Großteil des Energiebedarfs aus Erdwärme gedeckt: in Island. Diese kalte Insel am nördlichen Polarkreis sitzt nämlich auf einem Vulkan – das heißt auf einer Stelle, wo die kalte Kruste durchbrochen ist. Aus dem Boden sprudelt so viel heißes Wasser, dass die ganze Hauptstadt Reykjavik (100 000 Einwohner) damit zentral beheizt werden kann; die überschüssige Wärme heizt Gewächshäuser und Freibäder.

Anderswo dringen – wie in vielen Heilbädern – geringere Mengen von warmem Wasser aus dem Boden. Regelrechte geothermische Kraftwerke gibt es an einigen Stellen in Italien, Neuseeland, Japan und in den USA.

Wie entstehen geothermische Quellen?

Wenn warmes Wasser von selbst aus der Erde dringt, so nennt man eine solche Quelle „geothermisch" (von griechisch *geo-*, Erd-, und *therm-*, Wärme). Solche warmen Quellen entstehen auf natürliche Weise, wenn kaltes Wasser in die Erdkruste einsickert, auf heiße Schichten trifft, verdampft und als Dampf hochsteigt, der sich dann auf dem Weg nach oben wieder mehr oder weniger abkühlt. Geothermische Quellen können lauwarme Thermalquellen sein oder aber fauchende, Dampf speiende Geysire (wie in Island).

Energie aus Müll – kann das funktionieren?

Auf den ersten Blick scheint es eine hervorragende Lösung sowohl unseres Energieproblems wie auch des Müllproblems zu sein: Verbrennen wir unseren Müll doch einfach, und erzeugen wir in Müllkraftwerken Strom! Rund eine Tonne Hausmüll erzeugt die Durchschnittsfamilie eines westlichen Industriestaates jährlich; und der in den USA anfallende Hausmüll könnte gar zehn Prozent des gesamten Energiebedarfs decken. Wir würden die Müllberge verringern und bräuchten weniger Erdöl zur Stromerzeugung.

Doch leider ist dieses Konzept nicht so toll, wie es zunächst aussieht. Denn unser Hausmüll besteht auch aus giftigen Stoffen, die bei der Verbrennung trotz aller Filter gefährliche Schadstoffe an die Luft abgeben.

Vor allem aber darf man nicht vergessen, dass bei der Erzeugung von Müll (besonders Verpackungsmaterial) weitaus mehr Energie verbraucht wird, als durch Verbrennung jemals wieder gewonnen werden kann. Verbrennung ist daher ein umweltschädlicher und verschwenderischer Weg, mit Müll fertig zu werden. Viel wirtschaftlicher wäre es erstens, die Entstehung von Müll, wo immer möglich, zu vermeiden. Eine ungeheure Menge an Energie, die zum Beispiel bei der Erzeugung von überflüssigen Verpackungen verbraucht wird, könnte eingespart werden.

Zweitens lässt sich durch eine sorgfältige Trennung der verschiedenen Müllarten im Haushalt mehr Energie gewinnen als durch Verheizen: Mülltrennung ermöglicht das Recycling von Materialien. „Recycling" (von griechisch *kyklos*, Kreis) heißt der Kreislauf von Herstellung, Benutzung, Wiedergewinnung und Wiederverwendung. Der Großteil unseres Hausmülls kann wieder verwertet werden und ist damit viel eher ein wertvoller Rohstoff als bloßes Brennmaterial: Organischer Müll (Pflanzen, pflanzliche Produkte und Essensreste) sollte auf dem eigenen oder städtischen Kompost landen, wo er zu hochwertiger Komposterde verrotten kann.

Altpapier kann gesammelt, eingestampft und zur Erzeugung von Recyclingpapier verwendet werden, was unsere Wälder schonen würde.

Metall, Plastik und Glas lassen sich ebenfalls zu Recyclingprodukten verarbeiten, dabei wird zumeist weniger Energie verbraucht als bei der Erzeugung aus frischen Rohstoffen. Außerdem können wir dann mit unseren Bodenschätzen sparsamer umgehen.

Kann die Sonne direkt Strom erzeugen?

Unter dem Gesichtspunkt der Energieerzeugung können wir die Sonne als eine Art Atomreaktor mit unvorstellbarer Leistungskraft sehen. Nur ein winziger Bruchteil der ausgestrahlten Energie erreicht unsere Erde; doch diese Energie macht Leben (wie wir es kennen) erst möglich. Sämtliche nutzbaren Energiequellen (mit Ausnahme der Atomkraft) beziehen ihre Kraft auf Umwegen aus der Sonne. Kann man denn diese Umwege nicht vermeiden und die Sonnenenergie direkt in elektrischen Strom verwandeln?

Das ist tatsächlich möglich: mit Solarzellen. Die dafür erforderlichen Techniken sind erst in den vergangenen Jahrzehnten entwickelt worden; ihr Wirkungsgrad ist (noch) ziemlich gering, und Solarzellen sind (noch) recht teuer. Aber schon heute kann überall dort, wo die Sonne scheint und nur geringe Strommengen benötigt werden, die Sonne direkt angezapft werden.

Solarzellen (oder Sonnenzellen) werden aus einer Platte mit zwei hauchdünnen Schichten gebildet. Eine Schicht besteht aus dem Element Silicium, die andere aus Silicium und Bor. Mit dem Sonnenlicht, das auf eine Solarzelle fällt, treffen Photonen auf die äußere Schicht. Photonen sind winzige Lichtteilchen, die von der Sonne ausgestrahlt werden. Sie treiben Elektronen in die andere Schicht und erzeugen damit eine elektrische Spannung. Die „vertriebenen" Elektronen fließen in den Stromsammler und weiter in den Stromkreis – elektrischer Strom ist ja der Fluss von Elektronen in leitfähigen Materialien.

Solarzellen werden ständig verbessert; man hofft, dass sie in naher Zukunft leistungsfähig und billig genug sind, um einen guten Teil des Strombedarfs decken zu können. Zwar würde man dazu gigantische Flächen mit Solarzellen belegen und auch das Stromspeicherproblem lösen müssen. Doch bieten sich als „Sonnenfarmen" gerade jene Gebiete der Erde an, die wegen ihrer Gluthitze unbewohnt sind.

Und auch die Wasserstofftechnik ließe sich nach Meinung von Fachleuten ausbauen: Die in Wüstengebieten gewonnene Sonnenenergie könnte in Form von Wasserstoffgas in die Verbraucherländer geliefert werden.

Wie kommt die Sonne in den Heißwasserboiler?

Eine preisgünstige und auch bei uns wirtschaftliche Möglichkeit, Brauchwasser (zum Beispiel Badewasser) aufzuheizen, bieten Sonnenkollektoren. Hier wird kein Strom erzeugt, sondern Wasser einfach aufgewärmt. In seiner einfachsten Bauart ist ein Sonnenkollektor ein flacher Kasten mit Rohrschlangen auf einem schwarzen Hintergrund und einer Glasplatte oben. Wenn die Sonne darauf scheint, fängt die schwarze Fläche die Wärme ein; die Glasplatte verhindert, dass die Hitze abstrahlt. Jetzt wird kaltes Wasser durch die Rohrschlangen geleitet, die sich und das Wasser immer mehr erwärmen. Dieses Wasser gibt seine Wärme an das Wasser eines Warmwassertanks ab. So kann man die Sonnenwärme im Wasser auch für Zeiten speichern, in denen die Sonne nicht scheint. Moderne Kollektoren können selbst an wolkigen Tagen Wasser gratis erhitzen.

Ein unfreiwilliger Sonnenkollektor ist übrigens ein Auto mit schwarzen Armaturen, das man in der Sommersonne stehen lässt. Die Sonnenwärme strahlt durch die Windschutzscheibe ins Innere und wird vor allem von schwarzen Flächen gespeichert. Weil das Auto geschlossen ist, kann der Wind die Hitze nicht „fortwehen“. Schließlich wird es im Auto viel heißer als draußen, und das Lenkrad kann man oft gar nicht mehr anfassen.

Wie funktionieren geothermische Kraftwerke?

Wenn man die Erdkruste anbohrt, steigt die Temperatur pro Kilometer um durchschnittlich dreißig Grad. An manchen Stellen der Erde trifft man jedoch schon recht weit oben auf heiße Gesteinsschichten. Wenn dieses Gestein porös genug ist, kann man ein geothermisches Kraftwerk bauen: Man bohrt zwei Löcher in das heiße Gestein. Das eine führt zur Unterseite der heißen Schicht. In dieses Loch wird mit sehr hohem Druck kaltes Wasser gepumpt. Ein weiteres Loch führt von der Oberseite des heißen Gesteins zurück an die Oberfläche und ins Kraftwerk.

Das kalte Wasser wird nun in den Rissen und Höhlen des Gesteins heiß, verdampft und dringt durch die zweite Röhre als überhitzter Wasserdampf nach oben; der heiße Dampf treibt wie bei normalen Wärmekraftwerken Turbinen an, die Strom erzeugen.

Was ist Bioenergie?

„Bioenergie“ nennt man Energie, die aus erneuerbaren – das heißt nachwachsenden – pflanzlichen Stoffen gewonnen wird. Sie sind insgesamt umweltfreundlicher als fossile Brennstoffe. Denn bei der Nutzung von Bioenergie entnimmt man unserer Erde nur jene Energie, die eben erst von der Sonne eingestrahlt wurde – und man verheizt nicht mit einem Schlag die in Millionen Jahren „angesparten“ Speichervorräte (wie bei Kohle).

Physik

Warum brauchen wir beim Schätzen von Entfernungen zwei Augen?

Mit einem kleinen Test kann man sich leicht klarmachen, dass man zwei Augen braucht, um kürzere Entfernungen richtig einzuschätzen. Man muss nur eine Flasche in Reichweite vor sich aufstellen, ein Auge zukneifen und versuchen, mit dem Finger in den Flaschenhals zu treffen. Auf Anhieb gelingt das nie!

Der Grund liegt darin, dass wir mit zwei Augen nicht nur mehr sehen als mit einem, sondern vor allem besser: nämlich räumlich. Weil unsere beiden Augen in einem gewissen Abstand nebeneinander stehen, können wir einen Gegenstand gleichzeitig aus zwei verschiedenen Blickwinkeln betrachten. Unser Hirn errechnet daraus ein Gesamtbild, das diese beiden Blickwinkel berücksichtigt. Wir sehen den Gegenstand räumlich, das heißt mit Länge, Breite und Tiefe.

Haben wir beide Augen geöffnet, sehen wir, wie der Finger sich der Flasche nähert, und errechnen automatisch, wie weit wir noch vom Ziel entfernt sind. Haben wir hingegen nur ein Auge zur Verfügung, so sehen wir die ganze Sache flächig wie auf einem Foto. Unser Gesichtssinn kann uns zwar mitteilen, wie weit der Finger neben der Flasche ist, aber nicht, wie weit er vor oder hinter der Flasche ist. Noch ein Hinweis: Wenn man den Versuch oft genug wiederholt, dann trifft man mit der Zeit. Das ist jedoch nur eine Frage der Übung. Wenn man die Flasche wieder verrückt, trifft man abermals daneben. Das zweite Auge aufmachen – und sofort klappt es.

Welche Farben kann man nicht sehen?

Unsere Augen sind so gebaut, dass wir nur die Farben des Regenbogens wahrnehmen können. Heute wissen wir, dass die Farbenskala des Regenbogens an den Rändern (bei Rot auf der einen und Violett auf der anderen Seite) nicht einfach aufhört. Wenn man bei Rot weitergeht, kommt man zu Infrarot; *infra* heißt: unter. Nach Violett kommt Ultraviolett; *ultra* heißt: drüber. Infrarot und Ultraviolett sind also die Farben unterhalb von Rot und oberhalb von Violett. Viele Tiere, zum Beispiel manche Insekten, können auch diese Farben sehen; wir Menschen leider nicht. Wir können uns nicht einmal vorstellen, wie diese „unsichtbaren" Farben wohl aussehen. Aber wir können Apparate bauen, die das Licht dieser Farben (bzw. die Wellenlänge) ausstrahlen und empfangen.

Wie kann man einen Luftballon an der Zimmerdecke „elektrisch ankleben"?

Wird ein Luftballon aufgeblasen, zugebunden und an einem Stück Wolle gerieben, so nimmt er durch die Reibung kleinste elektrische Teilchen (Elektronen) aus der Wolle auf; der Ballon wird elektrisch aufgeladen. Die Zimmerdecke hingegen ist normalerweise nicht elektrisch geladen. Elektrisch geladene und ungeladene Gegenstände ziehen sich gegenseitig an. Wenn wir also den luftgefüllten, geladenen Ballon mit der Zimmerdecke in Berührung bringen, dann müsste er oben kleben bleiben. Ausprobieren! Irgendwann, nach spätestens ein paar Stunden, hat sich die Ladung ausgeglichen, und der Ballon schwebt wieder zu Boden.

Zauberkünstler machen aus diesem Effekt wahrhaft zauberhafte Tricks. Aufgeladen können ja nicht nur Ballons werden, sondern zum Beispiel auch Spielkarten. Also reibt der Magier unauffällig an so einer Karte, platziert sie durch einen geschickten Weitwurf an der Zimmerdecke und freut sich, wenn das Publikum aus dem Staunen nicht mehr herauskommt. Wenn die Leute nach Hause gegangen sind, fällt die Karte dann wieder runter.

Unter welche Bäume soll man sich bei Gewittern flüchten?

Am allerbesten ist es, man weicht im Freien bei einem Gewitter jedem Baum aus, und nicht nur jedem Baum, sondern überhaupt allen aufragenden Gegenständen wie Strommasten, Türmen, Fahnenmasten. Blitze ziehen nämlich kurze Wege vor, und je höher ein Mast oder Baum, desto kürzer der Weg von der Wolke zur Erde. Befindet man sich bei Gewitter auf ebenen Flächen, so sollte man sich daher nach Möglichkeit klein machen und jede Bodenerhebung meiden – auch wenn man dabei nasser wird als unter einem Baum.

Ist man allerdings von Bäumen umgeben, dann gilt tatsächlich das Sprichwort: „Vor Eichen weichen, Buchen suchen!“ Buchen werden weniger von Blitzen getroffen als Eichen: Buchen haben eine glatte Rinde, an denen Regenwasser gut abrinnen kann. Durch diese feuchte Verbindung zwischen Erdboden und Baumkrone kann die elektrische Ladung, die sich bei Gewitter am Boden aufbaut, in die Krone aufsteigen; Wasser leitet ja die Elektrizität. Und es kann ein langsamer, allmählicher Ausgleich zwischen der positiven Ladung auf der Erde und der negativen Ladung in den Wolken stattfinden.

Die borkige Rinde von Eichen ist dazu weniger geeignet. Sie wird schwerer durchgehend feucht, es bleiben eher trockene Ringe, die Erde und Himmel voneinander isolieren. Die Spannung zwischen diesen Ladungen steigt ständig, und wenn sie zu hoch ist, entlädt sie sich als gewaltiger elektrischer Funke: als Blitz.

Wie sicher ist man bei einem Gewitter im Auto?

Autos haben Gummireifen, und Gummireifen isolieren prächtig. Rein „elektrisch" gesehen, steht das Auto mit der negativ geladenen Erde in überhaupt keiner Verbindung. Es besteht für einen Blitz also kein Anlass, in ein Auto einzuschlagen. Und selbst wenn ein Blitz ein Auto träfe, so würde den Insassen nicht viel passieren. Die Metallkarosserie rundherum schützt vor gefährlichen Entladungen. Man nennt einen solchen Metallkäfig „Faradayscher Käfig", benannt nach dem englischen Physiker Michael Faraday. Selbst Kranführer, die in den höchsten Kränen sitzen, müssen nicht zur Erde klettern, wenn ein Gewitter im Anzug ist. Zwar kann ein Blitz leicht in die Kranspitze einschlagen, und es wird fürchterlich krachen im Gehäuse des Kranführers, aber sonst passiert nicht viel. Also: bei Blitz und Donner bloß nicht aus dem Auto ins Freie flüchten!

Woher kommen manchmal diese kleinen elektrischen Schläge, wenn man etwas anfasst?

Es kann oft ganz schön unangenehm werden, dieses Prickeln in den Fingern, wenn man zum Beispiel eine Türklinke berührt. Bei diesen kleinen elektrischen Schlägen entlädt sich die elektrische Ladung, die sich im Menschen aufgebaut hat. Im Prinzip läuft hier das Gleiche ab, wie wenn irgendwo ein Blitz einschlägt – nur ist die Stärke bei „echten" Blitzen natürlich millionenfach größer.

Elektrische Spannung kann sich durch Reibung bestimmter Materialien aufbauen; und Reibung entsteht auch beim Gehen. Wenn wir nun Schuhe mit Gummisohlen tragen, die uns gegen den Boden hin isolieren, und wenn wir zum Beispiel auf Kunststoffteppichböden spazieren, dann sind wir tatsächlich „geladen". Und diese Ladung wird blitzartig abgebaut, wenn wir dann „unisoliert" (mit bloßen Händen) etwas anfassen, was mit der Erde in Verbindung steht. Es prickelt und tut manchmal sogar ein bisschen weh.

Wenn man barfüßig geht, kann einem das nicht passieren. Man lässt die durch Reibung entstandene Spannung nämlich ständig abfließen, weil keine Isolierung da ist. Es kann sich keine Ladung aufbauen.

Gefährlich ist das Ganze übrigens nicht. Zwar entstehen manchmal kurzzeitige Spannungen von über 10 000 Volt, die jedoch in millionstel Sekunden wieder zusammenbrechen.

Wie funktionieren elektrische Sicherungen?

Sicherungen dienen dazu, den Stromkreis blitzschnell zu unterbrechen, wenn der Strom aus irgendwelchen Gründen zu stark geworden ist. Würde ein zu starker Strom nämlich ungehindert weiterfließen, dann könnten Geräte durchbrennen. Die Kabel könnten sich sogar so weit erhitzen, dass ein Brand ausbricht.

Sicherungen sind also Notabschalter, die automatisch funktionieren, sobald der Strom eine bestimmte Stärke überschreitet. Sie sind in den Stromkreis eingebaut. Sobald der Strom zu stark wird, schmilzt ein Draht in der Sicherungspatrone. Die Sicherung ist „durchgebrannt", und der Strom fällt aus. Meistens passiert das, wenn irgendwo im Stromkreis ein Kurzschluss passiert und ein Gerät defekt ist. Dann nützt es gar nichts, immer wieder neue Sicherungen reinzuschrauben: Zuerst muss der Kurzschluss behoben oder das Gerät ausgeschaltet sein. Sonst brennt der Draht der Sicherung immer wieder durch. Bei modernen Sicherungsautomaten funktioniert die Sache ähnlich. Hier brennt allerdings kein Draht durch; durch die Hitze des zu starken Stroms verbiegt sich ein Metallplättchen und unterbricht auf diese Weise den Stromkreis. Das hat den Vorteil, dass die Sicherung immer wieder neu eingeschaltet werden kann, ohne dass man eine ganze Sicherungspatrone auswechseln muss.

Wozu dienen die schwarzen Bänder, die bei manchen Autos am Boden schleifen?

Auch ein fahrendes Auto lädt sich durch die Reibung der Reifen auf der Straße auf; durch ihre Gummireifen sind Autos gegen die Erde hin isoliert. Wenn der Fahrer nun aussteigt und einen Kontakt zwischen Erde und Auto herstellt (Fuß am Boden, Hand an der Autotür), dann kann es wiederum kribbeln: Das Auto entlädt sich elektrisch.

Ein Band aus leitfähigem Material, das ständig auf der Straße schleift, leitet die sich aufbauende Spannung immer gleich wieder ab und kann das Aufladen des Autos verhindern.

Warum knackt es manchmal im Radio, wenn man das Licht einschaltet?

Eigentlich sollten alle normalen elektrischen Schalter (Drehschalter, Kippschalter, Druckschalter) so funktionieren, dass der Strom blitzschnell durch eine Feder aus- oder eingeschaltet wird. Viele Schalter, vor allem in älteren Häusern, funktionieren jedoch nicht einwandfrei. Der Kontakt wird zu langsam hergestellt oder unterbrochen; und in diesen Sekundenbruchteilen, in denen der Kontakt in der Schwebe ist, sprühen in dem Schalter Funken vom einen Pol zum anderen. Diese Funken wiederum senden elektrische Wellen aus, die vom Radiogerät empfangen werden – und die wir dann als Knacken hören.

Weshalb verbrennt der Glühdraht in Glühbirnen nicht?

Wenn man das Licht einschaltet, lässt man Strom durch den feinen Draht im Inneren der Glühbirne fließen. Weil aber der Draht sehr dünn ist, können die Elektronen nicht so einfach durchfließen. Sie müssen einen elektrischen Widerstand überwinden; sie „drängeln" und erhitzen dadurch den Draht, sodass er glüht. Dieses Glühen erzeugt Licht. Normalerweise würde der Draht natürlich sofort durchglühen und verbrennen. Aber zum Verbrennen ist Luft nötig. Im luftleeren Raum – im Vakuum – kann nichts brennen. Und das Innere der Glühbirne ist so ein luftleerer Raum. Also glüht der Draht, ohne verbrennen zu können.

Wie funktionieren Leuchtstoffröhren?

Leuchtstoffröhren verbrauchen weniger Strom als Glühlampen – oder andersherum: Sie geben bei gleicher Energiezufuhr mehr Licht ab. Deshalb werden sie vor allem dort eingesetzt, wo große Räume auszuleuchten sind. Außerdem werfen sie keine so scharfen

Schatten wie Glühbirnen und leuchten daher Räume besser aus.

In Leuchtstoffröhren wird kein Draht zum Glühen gebracht, sondern ein Gas. Und das funktioniert so: Das Rohr ist mit Gas (oft Quecksilberdampf, der unter geringem Druck steht) gefüllt. Die Innenseite des Rohres ist mit bestimmten chemischen Stoffen (zum Beispiel Zinksulfid) beschichtet. Jetzt wird Strom durch die Röhre geschickt. Die Elektronen stoßen die Atome des Leuchtgases an, und das Gas beginnt zu leuchten – allerdings mit ultraviolettem Licht, das für uns Menschen kaum oder überhaupt nicht sichtbar ist. Wenn nun dieses Licht auf die Beschichtung der Röhre fällt, dann beginnt diese Beschichtung zu leuchten, und das unsichtbare Licht wird in sichtbares Licht verwandelt. Dabei kann man die Beschichtung so wählen, dass man Licht von genau der Farbe bekommt, die man haben will.

Woher kommt das „elektrische Gefühl" an den Zähnen, wenn man auf Silberpapier beißt?

Wer keine metallischen Plomben im Mund hat, der kennt das „elektrische Gefühl" wohl nicht, das man an den Zähnen verspürt, wenn man auf Silberpapier beißt. Wenn man allerdings Amalgamplomben im Mund trägt und beim Schokoladeessen versehentlich auf ein Stück Stanniolpapier beißt, kann es ziemlich wehtun. Es befinden sich dann nämlich zwei verschiedene Metalle (Plomben und Silberpapier) im Mund. Dazu kommt die Speichelflüssigkeit. Jetzt entsteht im Mund tatsächlich elektrische Spannung – ähnlich wie in einer Batterie. Den einen Pol dieser unfreiwilligen Batterie bildet der plombierte Zahn – und das kann schmerzhaft sein.

Woher weiß eine automatische Tür, wann sie aufgehen muss?

Eine automatische Tür geht auf, wenn sich jemand nähert, denn dieser Jemand durchbricht eine Lichtschranke und betätigt damit unfreiwillig einen Schalter, der die Tür aufgehen lässt.

Eine Lichtschranke befindet sich zwischen einem Bauteil, der einen Lichtstrahl aussendet, und einer Fotozelle, auf die der Lichtstrahl gerichtet ist. Solange Licht auf die Fotozelle fällt, bewegen sich Elektronen in ihr; es werden winzig kleine Ströme erzeugt – gerade so viel, dass ein elektronischer Schalter durch sie offen gehalten wird. Wenn nun jemand zwischen Sender und Fotozelle durchgeht, fällt einen Moment lang kein Licht auf die Fotozelle. Es fließt kein Strom, der Schalter schließt einen Stromkreis, die Elektromotoren der Tür treten in Aktion und machen sie auf. (Der Strom, der die Tür aufmacht, hat mit den winzig kleinen Strömen in der Fotozelle nichts zu tun.)

Wie kann man Schall in Strom „übersetzen"?

So laut wir auch schreien: In ein paar hundert Meter Entfernung hört uns niemand mehr – es sei denn, wir telefonieren. *Telefon* kommt übrigens aus dem Griechischen und heißt wörtlich übersetzt: Fernschall. Beim Telefonieren übersetzen wir Töne (Schallwellen) in elektrische Ströme (genauer: in Stromschwankungen). Und beim Empfänger wird alles wieder zurückübersetzt. Strom kann ja fast beliebige Entfernungen überbrücken, ohne sich dabei wie Schallwellen in der Luft zu verlieren.

Das Ganze funktioniert so: Im Telefonhörer ist ein Mikrofon eingebaut. Dieses Bauteil reagiert empfindlich auf den Druck, den Schallwellen (beim Sprechen) auf ihn ausüben. Das Mikrofon verwandelt nun diese Schwankungen des Luftdrucks in Stromschwankungen. Die Stromschwankungen pflanzen sich in der Telefonleitung fort und kommen, wenn die Verbindung klappt, beim Empfänger an. Der allerdings kann mit Stromschwankungen nicht sofort was anfangen. Er braucht etwas, was sie in hörbaren Schall zurückübersetzt. Das macht der kleine Lautsprecher, der im oberen Teil des Telefonhörers eingebaut ist. Der Sprechstrom (also die Stromschwankungen) wirkt auf ein Magnetfeld ein und verändert dessen Stärke. Dadurch wird eine Membran (eine gespannte Haut) zum Vibrieren gebracht; das Vibrieren erzeugt Schallwellen, die wir wiederum als die Stimme des Anrufers hören.

Wie funktioniert ein Antiblockiersystem?

Ein ABS, so die Abkürzung für Antiblockiersystem, ist ein computergesteuertes Bremssystem für Autos, Busse und Lastwagen. Es sorgt dafür, dass der Fahrer immer nur gerade so stark bremsen kann, dass die Räder noch nicht blockieren und das Auto gerade noch nicht rutscht. Man hat nämlich herausgefunden, dass ein Auto dann früher zum Stehen gebracht werden kann, wenn es nicht mit quietschenden Reifen dahinschlittert. Die Räder sollen sich noch mitdrehen. Dann kann ein Auto auch bei einer Vollbremsung gelenkt werden. Es kann immer noch Kurven fahren und Hindernissen ausweichen. Bei blockierten Rädern hingegen rutscht oder schleudert es, wohin es will. Menschen sind nicht in der Lage, so feinfühlig auf die Bremse zu treten, dass zwar fest genug gebremst wird, die Räder aber nicht blockieren. Beim ABS machen das Computer. Sie messen in jedem Moment die Drehgeschwindigkeit der Räder. Wenn ein Fahrer mit aller Kraft auf die Bremse tritt und damit die Räder normalerweise blockieren würde, lockert die elektronische Steuerung den Bremsdruck so weit, dass sich die Räder immer noch etwas drehen.

Weshalb gehen Quarzuhren so genau?

Um die Zeit genau zu messen, muss man sie in lauter gleiche Abschnitte zerlegen können. Früher geschah dies durch das immer gleiche Schwingen des Pendels oder des Drehpendels (der so genannten „Unruh“) in kleinen Uhren. Heute wird als Pendel zumeist die Schwingung eines Minerals, des Quarzes, verwendet.

Pendeluhren haben eine Feder oder Gewichte, die das

Pendel in Bewegung halten. Quarzuhren brauchen als Energiequelle elektrischen Strom. Mit Strom wird der Quarz zu Schwingungen angeregt, die äußerst gleichmäßig sind. Diese Schwingungen dienen als Zeitmaß. Deshalb gehen Quarzuhren viel genauer als mechanische Uhren.

Warum ist ein Meter genau einen Meter lang?

Heute definiert man den Meter als die Strecke, die ein Lichtstrahl in einer bestimmten Zeit im Vakuum zurücklegt, nämlich im zweihundertneunundneunzigmillonensiebenhundertzweiundneunzigtausenvierhundertachtundfünfzigsten Teil einer Sekunde!

Das metrische System hat hierzulande unsere alten Längenmaße wie Fuß, Elle oder Meile abgelöst. In vielen Englisch sprechenden Ländern haben sich jedoch die Kilometer zum Beispiel noch immer nicht gegen die alten Meilen durchgesetzt.

Wie bekommt man große Schiffe ins Trockene?

Auch große Schiffe müssen regelmäßig gewartet und ihr Schiffsrumpf muss immer wieder frisch gestrichen werden; unter Wasser geht das nicht. Deshalb müssen sie ins Trockene geschafft werden. Weil man aber Schiffe mit einem Gewicht von vielen tausend Tonnen unmöglich an Land hieven kann, geht man den umgekehrten Weg: Man pumpt das Wasser unter dem Schiffsrumpf weg und legt die Schiffe trocken. Das geschieht in den Docks.

Trockendocks sind riesige betonierte Behälter, in die das Schiff hineinfahren kann. Dann wird der Behälter gegen das Meer hin durch ein Tor abgeriegelt. Jetzt kann das Wasser aus dem Dock gepumpt werden. Das Schiff sitzt schließlich auf mächtigen Gestellen auf und kann repariert und frisch gestrichen werden.

Ein Schwimmdock ist eine im Meer schwimmende Wanne, groß genug, um bei offenem Tor auch Ozeanriesen in sich hineinfahren zu lassen. Sobald das Schiff drinnen ist, wird auch hier das Wasser aus der Wanne gepumpt: Das Schwimmdock ist nun selbst ein Schiff, in dem ein Schiff steht.

Wie viele Tage hat das Jahr?

Ein normales Jahr hat 365 Tage; jedes vierte Jahr (das Schaltjahr) hat allerdings 366 Tage. Um auf diese Zahl zu kommen, wird ein 29. Februar eingeschoben. Grund für das Schaltjahr und die Einschiebung des 29. Februars ist die Tatsache, dass jedes Jahr eigentlich 365 ¼ Tage dauert; so lange nämlich braucht die Erde, um im Weltraum eine Runde um die Sonne zu drehen. Um diesen Überschuss von einem Vierteltag pro Jahr auszugleichen, schiebt man also alle vier Jahre einen ganzen zusätzlichen Tag ein.

Warum wackeln dreibeinige Hocker niemals?

Bei dreibeinigen Hockern gibt es keinen Spielraum zum Wackeln – ganz im Gegensatz zu vierbeinigen Hockern oder Tischen. Die Sache verhält sich so: Zwei Punkte, miteinander verbunden, bilden eine Linie. Drei Punkte bilden eine Fläche. Und zwar immer. Kommt jetzt ein vierter Punkt dazu, dann muss er sich entweder in diese vorhandene Ebene einfügen, oder er liegt außerhalb.

Ein vierbeiniger Hocker kann deshalb wackeln, weil

drei seiner Beine fest auf einer Ebene stehen. Das Gewicht des Hockers lastet auf ihnen. Das vierte Bein passt sich entweder den „Vorgaben“ (und dem Boden) so an, dass der Hocker sicher steht; oder es hängt in der Luft; und falls das vierte Bein zu lang ist, dann drückt es ein anderes Bein, das bisher sicher gestanden hat, in die Luft und bildet mit den beiden anderen eine neue Dreipunktauflage …

Weshalb baut man Doppelfenster mit Luft dazwischen?

Luft ist ein ausgezeichnetes „Isoliermaterial“ – sofern sie nicht in Bewegung ist. Zwischen zwei Glasscheiben im Fenster eingesperrt, hält so ein Luftpolster die Wärme im Haus und die Kälte draußen – viel besser übrigens als eine superdicke einfache Glasscheibe dies könnte.

Baumaterial, das gut dämmt (also Wärme schlecht leitet), besteht oft zu einem großen Teil aus Luft. Die Löcher in Ziegeln machen die Ziegel nicht nur leichter, was den Maurer freut; sie sorgen auch dafür, dass die Kälte schwer ins Haus kriechen kann.

Viele gute Wärmedämmstoffe (zum Beispiel Kork oder Blähton) sind deshalb so leicht, weil sie eigentlich aus umhüllten Luftbläschen bestehen.

Übrigens nützen die wärmedämmenden Eigeschaften von Luft auch bepelzte und gefiederte Tiere aus. Vögel plustern sich auf und packen sich damit zahlreiche kleine Luftkammern ins Gefieder; auch viele im Norden lebende Tiere mit Pelz können die Haare so aufstellen, dass sie von eingeschlossener Luft umhüllt sind.

Wie kann man mit Eis Blüten vor dem Frost bewahren?

In Obstanbaugebieten schützt man die empfindlichen Blüten von Obstbäumen vor spätem Frühjahrsfrost, indem man sie bei Frosteinbruch mit Wasser bespritzt. Wenn jetzt die Temperaturen auf null Grad fallen, bildet sich um die Blüten eine hauchdünne Eisschicht. Solche Temperaturen richten noch keinen Schaden an. Wenn es jetzt noch kälter wird, dann schützt diese Eisschicht die Blüten vor tieferen Temperaturen – und damit vor dem Erfrieren. Würden die Blüten erfrieren, könnte dadurch die Ernte eines ganzen Jahres vernichtet sein.

Warum kann man Glut durch Hineinblasen anfachen?

Feuer braucht Sauerstoff; und je mehr Sauerstoff vorhanden ist, desto besser brennt es. Wenn man in die Glut bläst, führt man ihr frische Luft, also auch frischen Sauerstoff zu; glimmende Holz- oder Kohlenstücke glühen auf, Flammen schlagen heraus.

Wie erkennen Münzautomaten Falschgeld?

In jeden Automaten sind Münzprüfer eingebaut, die Knöpfe oder ausländisches Geld oder andere runde Plättchen erkennen und aussortieren. Ein Magnet prüft, ob das eingeworfene Geldstück die richtige Legierung (Metallmischung) hat; dann wird die Münze auf Dicke, Durchmesser und Gewicht überprüft. Wenn alles stimmt, dann sollte der Automat die gewünschte Ware eigentlich herausrücken!

Weshalb klebt ein heißer Deckel auf glatten Flächen?

Wenn man von einem heißen Topf den Deckel abnimmt und auf eine glatte, feuchte Fläche legt, so wird man bald bemerken, dass sich der Deckel unter leisem Zischen und Gurgeln festsaugt. Der Grund ist folgender: Legt man den heißen Deckel hin, erwärmt seine Hitze zunächst die darunter befindliche Luft, die sich ausdehnt. Dann aber kühlt der Deckel ab und die Luft ebenso. Sie zieht sich zusammen, und wenn der Deckel luftdicht aufliegt, bleibt er „kleben".

Warum fühlt sich Metall kälter oder heißer an als Holz?

Holz leitet Wärme sehr schlecht. Ein kaltes Stück Holz nimmt daher die Wärme einer Hand nur langsam auf und gibt auch Hitze nur zögernd an die Hand ab. Holz isoliert also. Metall hingegen ist ein guter Wärmeleiter und nimmt bei Kälte die Handwärme sofort an beziehungsweise gibt sie bei Hitze schnell an die Hand ab.

Warum montiert man Heizkörper nicht an der Zimmerdecke?

Warme Luft steigt auf, kalte Luft sinkt zu Boden. Deshalb ist es sinnvoll, die Raumluft dort anzuwärmen, wo sie am kältesten ist, nämlich in Bodennähe, womöglich unter dem Fenster. Vor Fenstern ist es immer am kühlsten, weil dort immer etwas kühle Außenluft hereinzieht und weil Fenster meistens schlechter dämmen als Wände. Es wäre jedenfalls unklug, die warme Luft aufzuheizen, die sich unter der Zimmerdecke sammelt. Bis sich dann auch die Bodenluft erwärmt hätte, wäre es dort oben schon heiß, und man hätte viel Energie verschwendet.

Warum kann es in Schneehöhlen warm werden?

Wie Luft ist auch Wasser ein schlechter Wärmeleiter, besonders wenn es in Form von Schnee und Eis gebunden ist. Eine Schneedecke bewahrt zum Beispiel Pflanzen bei bitterer Kälte vor dem Erfrieren.

Höhlen in tiefem Schnee, wenn sie richtig gebaut sind, können Verirrte vor dem Erfrierungstod bewahren. Schnee ist zwar kalt, leitet aber Wärme nicht ab. Deshalb halten die Wände einer Schneehöhle die Körperwärme eines Menschen zurück, und die Temperaturen drinnen sinken nicht unter null Grad.

Eskimos bauen sich ganze Häuser aus Eisziegeln. Obwohl sie nur wenig Heizmaterial haben, bleibt die Luft im Iglu relativ warm.

Laufen Schlittschuhläufer eigentlich auf Eis?

Natürlich gleitet man mit Schlittschuhen über eine Eisfläche – aber nicht direkt auf Eis: Unter den Kufen bildet sich während der Fahrt ein hauchdünner Wasserfilm. Diese Schicht entsteht durch den Druck, den der Läufer auf diese Stelle ausübt. Dieser Druck bringt das Eis unter ihm zum Schmelzen. Man kann also sagen, dass Schlittschuhläufer eigentlich auf Wasser laufen.

Woher kommen die Blasen im Topf, wenn man Wasser erhitzt?

Im Wasser ist immer auch etwas Luft enthalten. Je kälter Wasser ist, desto mehr Luft kann es aufnehmen – und umgekehrt. Wenn man nun Wasser heiß macht, dann muss es Luft abgeben. Und die steigt in Form von Luftbläschen hoch.

Weshalb sind Schlitten mit warmen Kufen schneller als Schlitten mit kalten Kufen?

Für Schlitten, Rodel und Bobs gilt dasselbe Prinzip wie für Schlittschuhläufer: Durch den Druck der Kufen auf das Eis schmilzt die äußerste Oberfläche sofort zu einer hauchdünnen Wasserschicht (die, wenn es kalt genug ist, hinter dem Schlitten gleich wieder zu Eis gefriert). Und deshalb würden warme Kufen – zum Beispiel unter Bobs auf Eisbahnen – das Gefährt etwas schneller machen als eiskalte Kufen: Das Eis würde schneller und leichter schmelzen, der Bob würde schneller fahren und früher im Ziel sein. Warum also nicht ein wenig nachhelfen und die Kufen vor dem Start anwärmen? Geht leider nicht, ist verboten. Und bei Wettbewerben messen die Schiedsrichter direkt nach der Fahrt die Temperatur der Kufen nach. Damit können sie feststellen, ob die Mannschaft mit verbotenen „heißen Eisen" an den Start gegangen ist.

Weshalb versinkt ein Stein im Eis?

Wenn man einen Stein auf die Eisfläche eines zugefrorenen Gewässers wirft, dann bleibt er oben liegen. Klar, denn Eis ist hart. Aber wenn es nicht gerade extrem kalt ist, dann wird er bald einzusinken beginnen, und zwar aus zwei Gründen: Erstens ist der Stein wahrscheinlich nicht so weiß wie Eis. Deshalb nimmt er mehr Wärme auf als die Umgebung, und wenn die Sonne auf ihn scheint, dann kann es auch bei Minusgraden in der Luft geschehen, dass die Temperatur des Steins über die Nullgradgrenze steigt. Er schmilzt das unter und neben ihm liegende Eis ein wenig an und rutscht tiefer. Dabei sinken dunkle Steine schneller als helle. – Zweitens drückt der Stein ständig auf das Eis. Druck erzeugt ebenfalls Wärme, und bei Wärme schmilzt der Untergrund.

Kann man aus Fahrradspuren die Geschwindigkeit des Radlers ablesen?

Man kann anhand einer Fahrradspur tatsächlich erkennen, wie schnell der Radler war. Schlängelt sich die Spur stark, dann war er langsam: Er musste schärfere Kurven fahren, um sich mithilfe der Fliehkraft wieder aufzurichten. Ist die Fahrradspur pfeilgerade, dann ist da jemand sehr schnell gefahren. Wer Radfahren schon als Kind gelernt hat, dem ist das alles so in Fleisch und Blut übergegangen, dass er gar nicht bemerkt, wie schwierig es eigentlich ist. Soll aber ein Erwachsener Radfahren lernen, so ist das eine höchst komplizierte Angelegenheit.

Weshalb drückt es einen in die Polster, wenn ein Auto schnell anfährt?

Körper (und damit sind Dinge gemeint, die Gewicht haben – nicht nur menschliche Körper) sind träge: Sie möchten die Lage, in der sie sich befinden, am liebsten beibehalten und machen Veränderungen nur widerwillig mit. Physikalisch nennt man dies „Trägheitsgesetz“. Wenn wir also im stehenden Auto sitzen und das Auto scharf anfährt, dann müssen wir in Fahrt „gedrückt“ werden. (Würden wir mit Rollschuhen auf der Ladefläche eines Lastwagens stehen, der plötzlich abzischt, so würde der Wagen unter uns wegrollen.) Sind wir jedoch einmal in Fahrt, dann wollen wir (als Körper) auch diesen Bewegungszustand beibehalten. Das Auto bremst scharf, wir aber bewegen uns weiter nach vorne. Die Sicherheitsgurte halten uns zurück.

Was dreht sich länger – ein rohes oder ein gekochtes Ei?

Wenn man ein gekochtes Ei auf einer glatten Fläche wie einen Kreisel dreht, dann nimmt die Drehung das ganze Ei mit: Das Innere ist ja, weil gekocht, fest und mit der Schale verbunden. Anders bei einem rohen Ei: Hier dreht man zunächst tatsächlich nur die harte Schale. Das schwabbelige Innere bekommt die Drehung nicht gleich mit – Trägheitsgesetz! – und will in Ruhe liegen bleiben. Rohe Eier lassen sich daher schlecht drehen. Mit diesem Drehtrick kann man übrigens leicht herausfinden, ob ein Ei noch roh oder schon gekocht ist, ohne es aufschlagen zu müssen.

Welche Kraft hält den Radfahrer in der Spur?

Sonderbarerweise ist es die Fliehkraft, die uns beim Radfahren in der Spur hält. Und das kommt so: Ein Fahrrad hat keine stabile Dreipunktauflage und kippt daher leicht. Diese Kippbewegung gleicht man dadurch aus, dass man in die Richtung lenkt, in die man zu kippen droht: Denn wenn man eine Rechtskurve fährt, drückt einen die Fliehkraft gleichzeitig nach links außen und zieht einen aus der Kipplage wieder raus, und umgekehrt. Durch ständige leichte Lenkbewegungen wirkt ein Radfahrer der Gefahr des Umkippens entgegen und bleibt so im Gleichgewicht. Im Grunde macht er mit dem Lenker das, was ein allein dahinrollender Reifen auch macht. Der fällt nicht um, solange er in Bewegung bleibt. Denn jedes Mal, wenn er umkippen will, beschreibt er automatisch eine Kurve in diese Kipprichtung – und die Fliehkraft (die keine Kurven mag) zieht ihn wieder hoch. Je schneller das Rad oder Fahrrad rollt, desto stabiler ist seine Spur, desto stärker wirkt die Fliehkraft. Bei einem stehenden Fahrrad ist die Fliehkraft gleich null. Es fährt nicht, kann also auch keine Kurve fahren – bums, es fällt um.

Kann einem der Magen in der Achterbahn tatsächlich „hochkommen"?

So wie wir als Fahrgäste eines Autos immer ein wenig Spielraum haben, um nach vorne oder nach hinten zu rutschen, so hat auch unser Magen im Bauch einen kleinen Spielraum. Und auch Mägen sind dem Trägheitsgesetz unterworfen. Wenn wir auf der Achterbahn einen Hügel hinauf- und dann scharf hinuntersausen, behält der Magen seine Aufwärtsfahrt etwas länger bei als unser restlicher Körper. Er kommt uns ein Stück hoch. Das gleiche passiert, wenn ein schneller Lift plötzlich stoppt. Der Magen „fährt weiter", und wir haben ein sehr sonderbares Gefühl.

Wie kann man die Sahne von der Milch trennen?

„Sahne“ nennt man den fettreichen Bestandteil der Kuhmilch. Fett ist leichter als Wasser und damit auch leichter als die übrige, wässrige Milch. Wenn man Milch ruhig stehen lässt, wird die Sahne deshalb bald oben schwimmen.

Schneller geht es mit einer Zentrifuge. Das ist ein Gefäß, das sich schnell drehen lässt. Milch in der Zentrifuge verhält sich so, dass sich die schwereren (wässrigen) Bestandteile der Milch am äußeren Rand ablagern. Das leichtere Fett hingegen sammelt sich im inneren Bereich. Die Kraft, mit der die Milch (und alle Körper) in Zentrifugen nach außen gedrückt wird, heißt übrigens „Zentrifugalkraft“ (wörtlich: die Kraft, die das Zentrum flieht). Auf Deutsch sagt man auch „Fliehkraft“.

Warum ist die Zellophanhaut auf Marmeladengläsern eingedrückt?

Wenn man Marmelade einkocht, dann füllt man die kochend heiße Masse in ein Glas und bedeckt das Glas mit einer Zellophanhaut – einer feinen, durchsichtigen Plastikfolie. Kurz darauf wölbt sich die Zellophanhaut nach unten, als ob etwas sie hinunterdrückt. Und tatsächlich, es drückt etwas – und zwar die Luft.

Luftdruck (das Gewicht der Luft rund um den Erdball) herrscht überall und von allen Seiten. Das ist auch der Grund, warum wir ihn gar nicht wahrnehmen: Luftdruck drückt von außen auf unsere Brust und gleichzeitig von innen dagegen. In gewisser Weise sind wir in derselben Lage wie Tiefseefische: Auf ihnen lastet ein unvorstellbarer Druck, an den diese Fische aber vollkommen angepasst sind und den sie daher gar nicht spüren.

Luftdruck, der höher ist als normal, nennt man „Überdruck"; ist er geringer, so heißt er „Unterdruck". In unserem Marmeladenglas herrscht Unterdruck, weil sich die zuvor noch heiße Luft drinnen abgekühlt und zusammengezogen hat. Der Luftdruck innen und der Luftdruck außen halten sich nicht mehr die Waage: Die

Luft drückt von außen und beult die Zellophanhaut ein. (Würde man aus dem Glas noch mehr Luft absaugen und den Luftdruck innen noch weiter vermindern, so würde die Haut an irgendeinem Punkt zerreißen. Es würde knallen. Der Knall käme von der Luft draußen, die explosionsartig ins Glas strömt.)

Warum knackt es bei Bergfahrten so sonderbar in den Ohren?

Je weiter unten im Tal wir sind, desto höher ist der Luftdruck. (Und im Meer steigt der Wasserdruck, je tiefer man taucht.) Weiter oben, in den Bergen, nimmt der Luftdruck ab – es lastet weniger Luftgewicht auf uns.

Der Mensch kann sich recht gut an den Luftdruck in verschiedenen Höhen anpassen. Aber wenn wir zum Beispiel mit der Seilbahn einen Berg hochfahren, dann fällt der Luftdruck manchmal so schnell, dass unser Körper den Druck von innen nicht sofort an den Druck von außen angleichen kann. Eine besonders empfindliche Stelle ist dabei das Ohr, wo unser Trommelfell das Innere des Ohres nach außen hin absperrt: Das Trommelfell wölbt sich ein klein wenig nach außen. Schließlich herrscht innen ja noch der etwas höhere Talluftdruck. Wir hören die Geräusche um uns dumpf und sonderbar. Wenn wir nun fest schlucken, dann lassen wir den Überdruck im Ohr ab. Dabei hilft uns eine innere Verbindung zwischen Mundraum und Ohr. Es knackt jetzt, das Trommelfell liegt wieder richtig, und wir hören wieder normal.

Bei der Talfahrt ist es umgekehrt: Der größere Druck von außen drückt auf das Trommelfell. Wenn wir den Mund zumachen und die Nase zuhalten und fest pusten, dann steigt der Luftdruck im Inneren des Ohres. Wieder kann es knacken, und alles ist in Ordnung.

ECKIG, WITZIG, MEGAGUT!

DAS MEGADICKE BUCH DER SUPERWITZE

Zwei Mücken treffen sich am Zaun des Tierparks.
„Los, verschwinde von hier!", sagt die eine Mücke barsch. „Hier auf dem Zaun ist nur Platz für mich! Zisch ab!"
„Was ist denn mit dir los? Du fühlst dich wohl mächtig stark, wie?"
„Ich habe ja auch gerade Löwenblut in mir!"

Schlechte Laune? Das muss nicht sein! Mit diesem Feuerwerk der besten Witze ist der Tag gerettet. Viel Spaß beim Lachen!

DAS MEGADICKE BUCH DER SCHÜLERWITZE

In Geschichte: „Das Papier stammt von den alten Ägyptern und Chinesen, das Glas von den Assyrern und unser Kalender von den Römern. Wer kann noch mehr Beispiele nennen?“ Max meldet sich: „Unsere Stichsäge stammt von Nachbar Müller, der Staubsauger von meiner Oma, und unser Geld stammt von einem Bankkredit!“

Du willst die Langeweile verscheuchen? Kein Problem! Hier findest du die besten Witze zum Selberlesen und Weitererzählen. Da bleibt kein Auge trocken!

DAS MEGADICKE BUCH DER KINDERWITZE

Der Kellner räumt den Tisch ab. „Und“, fragt er, „hat es Ihnen geschmeckt?“ „Also, ehrlich gesagt“, meint der Gast, „habe ich schon besser gegessen.“ „Aber nicht bei uns!“

Heute schon gelacht? Mit diesem Buch ist gute Laune garantiert. Spaßvögel, Witzbolde und Scherzkekse lassen die Lachmuskeln nicht mehr zur Ruhe kommen!

Loewe

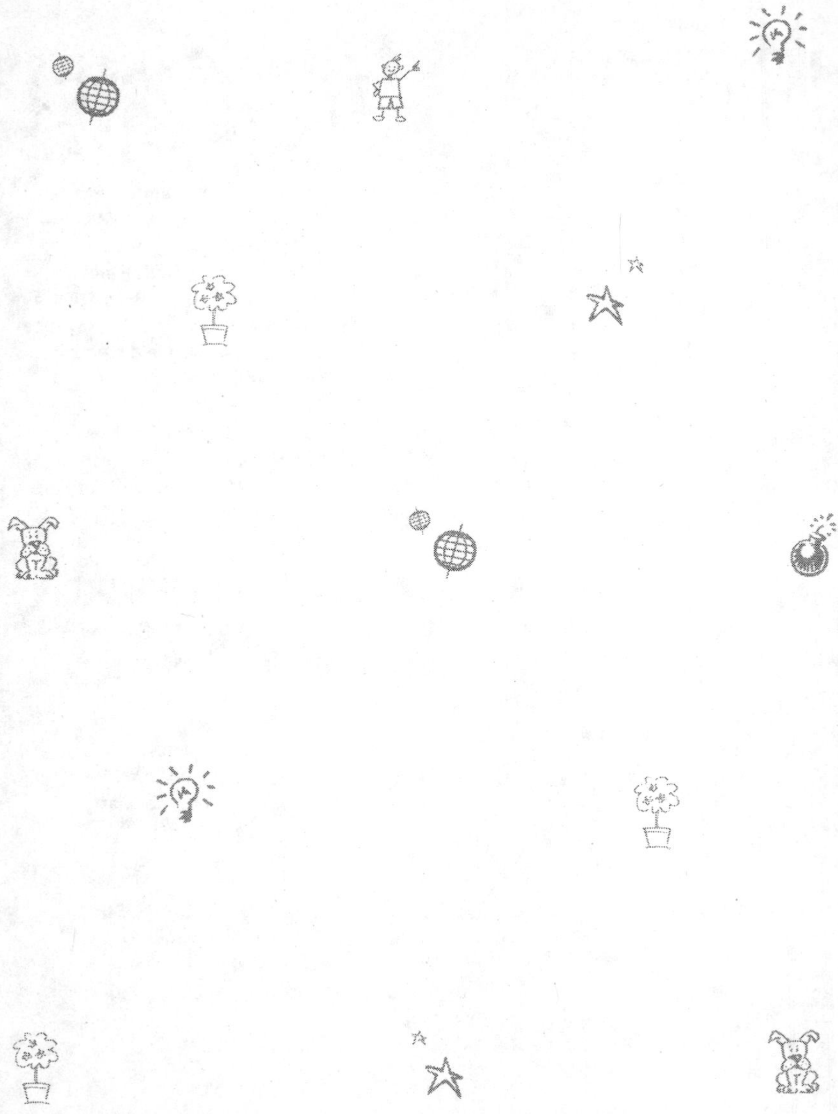